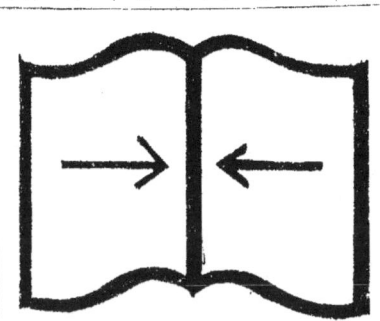

RELIURE SERREE
Absence de marges intérieures

Couvertures supérieure et inférieure manquantes

VALABLE POUR TOUT OU PARTIE
DU DOCUMENT REPRODUIT

LA VIE POUR RIRE

LES

MÉMOIRES D'UN GALOPIN

DU MÊME AUTEUR :

LA VIE POUR RIRE

LES FARCES DE MON AMI JACQUES. (Onzième édition). — 1 vol. in-18 jésus. 3 fr. 50

LES MALHEURS DU COMMANDANT LARIPÈTE suivis de LES MARIAGES DE JACQUES. (Douzième édition). 3 fr. 50

ARMAND SILVESTRE

LES MÉMOIRES
D'UN GALOPIN

SUIVIS DE

PETITE HISTOIRE NATURELLE

PARIS
PAUL OLLENDORFF, ÉDITEUR
28 *bis*, RUE DE RICHELIEU, 28 *bis*

1882
Tous droits réservés.

A JULES BOURDIN

Mon cher ami,

Te rappelles-tu ces deux années pendant lesquelles, assis, côte-à-côte, sur les bancs de l'École polytechnique, nous consacrions consciencieusement à nous conter de joyeuses histoires, la durée du cours d'art militaire ? Et pourtant le général F*** apprenait entre autres choses à nos camarades que Paris ne pouvait pas être investi. Ils ont si peu profité de cette leçon que j'estime que c'est eux qui ont perdu leur temps et pas nous.

Quoiqu'il en soit, c'est en souvenir de ces bonnes causeries que je te dédie ce livre léger et aussi en témoignage de mon inaltérable affection.

Armand Silvestre.

14 février 1882

LES
MÉMOIRES D'UN GALOPIN

I

COMMENT SE RECONNAIT UN HOMME D'IMAGINATION

Le galopin, c'est moi ! ou plutôt c'était moi ! ou, mieux encore, ce fut moi !

Comment l'idée m'est-elle venue de réunir, sous ce titre sans prétention, quelques-uns des souvenirs de ma première enfance ? Tout simplement en revoyant, il y a quelques jours, le cher coin de paysage qui servit de décor à mes faits et gestes de gamin. Car je les ai revus, la maison blanche au toit d'ardoises et le grand jardin de ma pauvre tante Marthe, la haute avenue de tilleuls où l'on m'accrochait des balançoires et le pavillon aux vitraux de couleur dans lequel j'allais voir passer le chemin de fer. Je les ai revus, et par ce temps d'automne qui semble fait pour les évocations mélancoliques du passé. Un bruissement de feuilles mortes roulées par le vent sur le sable des allées imitait le murmure des voix lointaines qui se sont tues. J'ai longé le mur, nu du côté de la ruelle où je marchais dans l'herbe haute et désolée, mais, sans doute, chargé encore, comme autrefois, de l'autre côté, d'arbres en espalier et de vignes retombantes. J'ai monté ainsi jusqu'à la poterne vermoulue qui donnait sur l'extrémité du quinconce, et mes doigts tremblaient en se posant sur le loquet vert de mousse rase qui sert encore à l'ouvrir. Un instant, il m'a semblé que trente années s'envolaient de mon front avec les menues branches de peuplier qui, détachées par la bise, me fouettaient au visage. J'allais rentrer dans la maison joyeuse où m'attendaient les vieux amis d'autrefois ! Un chien qui avait, sans doute, entendu mes pas, se mit à aboyer furieusement derrière la clôture. Ma tante Marthe aussi avait un chien, le fidèle Dache, dont je martyrisais si consciencieusement les longues oreilles, et qui supportait cette torture si patiemment ! Mais cette voix n'était pas la voix cassée de Dache. Ce vacarme d'une bête étrangère fit envoler ma vision de rajeunissement et de retour. Ma main tomba de la vieille serrure rouillée, et, Dieu me damne ! une larme me monta aux yeux en pensant que j'étais à jamais un proscrit pour cette chère demeure. Par-dessus la muraille, une liane de capucine au ton de safran semblait se tendre vers moi. Je compris cette pitié d'une fleur et j'emportai cette relique du temple de ma jeunesse fermé pour toujours !

C'est que, pendant longtemps, j'ai passé là mes longues vacances d'écolier paresseux. Et quelles vacances ! ma tante Marthe qui, au fond, emportait à la campagne le mal de Paris, avait la manie de l'hospitalité. Un aimable troupeau de parasites emplissait, sans désemparer, la maison blanche au toit d'ardoises et, comme la pauvre vieille femme m'adorait, tous ces affamés me mangeaient de caresses et m'abrutissaient de gâteries. Mais, au moment où commence l'aventure que je vous vais dire, je me moquais absolument des baisers qu'ils me donnaient en public et des gâteaux qu'ils chipaient au dessert pour me les offrir. Je n'avais que huit ans, il est vrai, mais j'étais déjà sérieusement amoureux. Amoureux, soit ! amoureux comme un diable, mais, en même temps, pur comme un lis. L'innocence d'Agnès était de la corruption auprès de ma candeur. Je n'avais jamais poussé le dévergondage jusqu'à imaginer que les enfants se fissent par l'oreille. La légende du chou suffisait absolument à ma curiosité. Je croyais simplement que les nains naissaient sous des choux de Bruxelles et je n'osais manger de ce légume, craignant toujours qu'une cuisinière négligente eût oublié quelqu'un de ces petits malheureux dans son berceau. Ceci confirme l'opinion que j'ai conçue depuis que toute passion vraie a pour base un fond extraordinaire de naïveté. Car je l'aimais avec fureur, cette perfide Zoé qui ne comptait guère moins d'une trentaine de printemps de plus que moi ! C'était, s'il vous plaît, la nièce d'un chanoine. Mais le prestige de sa personne me venait moins de son illustre origine, que des charmes opulents de son individu. Elle mesurait cinq pieds et un nombre notable de pouces. Ne vous l'imaginez pas pourtant toute en hauteur. Elle eût été fort embarrassée de s'asseoir, comme Diane, sur un simple croissant, et les richesses de son corsage lui eussent interdit l'arc des Amazones. C'était une femme de poids et deux tire-bouchons de cheveux blonds qui se tortillaient de part et d'autre de ses joues ajoutaient encore à l'imposante harmonie de ses attitudes. Au résumé, beaucoup plus de Junon que de Vénus dans cette vieille fille dont j'étais éperdu.

Pénétrer dans sa chambre était un rêve qui me rendait fou. Y pénétrer? Pourquoi? Je vous jure que je n'en savais rien du tout. Me trouver au milieu des objets familiers de sa toilette et de ses habitudes. Respirer ce je ne sais quoi de particulier qui flotte autour de chaque femme et lui fait comme une atmosphère. Que vous dirai-je, moi? Que celui qui n'a jamais furtivement baisé le bas d'une robe qu'il désespérait de chiffonner, se moque, à son aise, de ces enfantillages qui sont, au fond, le meilleur de l'amour. Mais la chambre de Mlle Zoé m'était rigoureusement interdite. Car elle était prude en diable, la nièce du prélat, et elle n'avait pas sa pareille pour dissimuler soigneusement son mollet sous sa jupe, quand elle montait un escalier devant moi. Ah ! la sacrée jupe, celle-là je ne l'aurais pas baisée, mais déchirée à belles dents.

Ce fut donc comme un coup de foudre pour moi quand mon cousin Adhémar, qui avait alors vingt ans, me prit un soir, à part, dans un coin du salon et me remettant une lettre pliée en triangle, me dit tout bas : « Si tu veux que je t'emmène demain me regarder pêcher à la ligne, tu vas, en allant te coucher, porter ceci, sans qu'on te voie, dans la chambre de Mlle Zoé et tu le poseras sur sa table, sous son livre de prières. »

Canaille d'Adhémar ! J'étais le Mercure inconscient de ce Jupiter en jaquette ! Ah ! si j'avais pu deviner le rôle qu'il me faisait jouer ! il me semble que je serais grimpé sur le canapé pour décrocher les deux belles épées Louis XV du grand-oncle et le traîner sur le pré. Mais, je vous l'ai dit, j'étais plus innocent alors que M. Barthélemy Saint-Hilaire aujourd'hui. Je ne vis qu'une chose ! une seule, exorbitante, féerique ! J'allais entrer dans la chambre défendue. J'y allais entrer avec une excuse valable, sur l'ordre d'un arpent à qui je devais l'obéissance et le respect, puisqu'il était plus âgé que moi. Ah! comme la famille m'apparaissait alors grande et sacrée !

Je l'avais respirée à pleins poumons, cette *odor di femina* qui soûle encore les vieilles recrues de l'amour ! J'avais baigné mon front brûlant dans le peignoir ouvert et moite encore de ma bien-aimée. Du bruit !... Son pas !... Pourquoi remontait-elle plus tôt que de coutume ? Impossible de sortir !... Où me cacher ? Je me blottis derrière un fauteuil, entre le dossier du siège et la porte entre-bâillée du cabinet de toilette. Il était temps.

Mlle Zoé me parut plus belle que jamais dans ce cadre de sa vie intérieure. Mais elle me parut aussi prodigieusement énervée. Je la vis, en effet, parcourir la chambre à grands pas, puis s'accouder longuement à sa fenêtre, puis avancer vers la table et y prendre son livre d'Heures. V'lan ! le billet du cousin était dessous. Elle l'ouvrit et rougit comme une pivoine, puis se laissa tomber sur une chaise longue, en s'éventant rageusement. A ce moment, la porte s'ouvrit une seconde fois, mais sans bruit, et l'infâme Adhémar bondit jusqu'aux pieds de la parente du chanoine.

— Laissez-moi ! laissez-moi ! dit-elle d'une voix étranglée.

Cependant, lui, n'entendait pas de cette oreille. Je ne compris rien à ce qu'il voulait ; mais il la tarabusta si fort que la pauvre fille s'en vint, en se défendant, tomber en plein sur le fauteuil derrière lequel je m'étais réfugié.

Le meuble recula violemment, m'entraînant contre la porte du cabinet qui céda sous mon poids. Alors, je me sentis heurté aux jarrets par les bords glissants d'un objet plus résistant au fond duquel je roulai, à travers un énorme éclaboussement d'eau. A ce bruit effroyable, Mlle Zoé poussa un cri de terreur, et mon cousin Adhémar éteignit furieusement la lumière !

Je revins rapidement de ma surprise. Le doute n'était plus permis : je faisais indiscrètement une pleine eau dans le bain de siège de la nièce d'un homme d'église. J'entendais Adhémar qui cherchait la porte à tâtons. Je songeai qu'il fallait m'enfuir aussi et, à quatre pattes, mouillé comme un caniche, je me glissai sur ses talons, j'atteignis derrière lui le couloir et me glissant, sans le vouloir, entre ses jambes, je lui fis faire un faux pas qui l'étala de tout son long.

— Cochon de Pyrame ! hurla-t-il, en m'envoyant un coup de pied que j'esquivai.

O bonheur ! il m'avait pris pour son chien ! Je pus regagner ma chambre et mon petit lit, sans qu'il revînt de cette erreur. Une minute de plus, j'étais perdu. En effet, ma mère entrait dans son appartement, dont mon gîte n'était qu'une annexe, et jamais la chère femme ne se couchait sans être venue m'embrasser dans ma couchette... Je fis semblant de dormir quand, pieds nus, elle se glissa vers moi. Mais, à peine eut-elle mis sa main dans mes cheveux, que les sentant ruisselants d'eau :

— Qu'as-tu, mon pauvre petit ? s'écria-t-elle avec des angoisses dans la voix.

Je fis celui qu'on réveille en sursaut.

— Moi ! maman ? Rien !

— Mais tu es tout mouillé ?

— Je rêvais que je me baignais.

La pauvre femme était si émue qu'elle ne trouva

rien d'absurde à ce mensonge. Elle me changea des pieds à la tête et, le lendemain, il ne fut question au salon que de ce phénomène d'un enfant ayant tant d'imagination qu'il lui suffisait de rêver d'un bain pour en avoir ressenti les effets.

— Ce sera certainement un poète ! dit un prophète de malheur.

Seul, un vieil imbécile de médecin, qui avait beaucoup voyagé en Orient, ne parut nullement étonné.

— Cela se voit tous les jours, dit le docteur Monfessier. Ainsi, j'ai connu, à Constantinople, un malheureux qui rêvait, toutes les nuits, qu'il était pendu. Eh bien ! un matin, on le trouva, en effet, accroché étranglé au bout d'une corde.

— Vraiment ?

— C'était lui-même qui s'était suicidé pour échapper à ce cauchemar.

II

BACCHUS EN CILICE

L'endroit le plus plaisant du jardin de ma vieille tante Marthe, ce n'était ni le quinconce de tilleuls séculaires, ni le belvéder aux vitraux colorés, ni le potager enfermé dans une haie de capucines, mais bien la treille qui pendait au mur d'un bout à l'autre de la propriété. Fin septembre, comme disent les créanciers, devant les pierres à peine visibles sous les larges feuilles, c'était un véritable égrènement d'or sur un tapis de pourpre et d'émeraude pâle. Quelle joie c'était de grappiller, le matin, à ces superbes chasselas, les pieds dans les plates-bandes mouillées ! Seulement cette joie était formellement interdite. Tout paradis est gardé par un archange. L'archange de celui-là, c'était le jardinier Nicolas, qui n'avait pas une épée flamboyante à la main, mais dont la serpette m'inspirait un suffisant respect. C'est que ma vieille tante Marthe tenait prodigieusement à son raisin... non pas pour le manger, la pauvre ! (tiens! je parle toulousain), mais pour le faire mettre soigneusement en sacs, à mesure qu'il mûrissait, afin de le consommer plus tard à Paris, dans les desserts d'hiver, quand il ne serait plus bon. On devait à cette sage prévoyance de ne pas profiter de cette richesse en son temps et d'en profiter mal dans un autre. Il en va souvent ainsi de nos rêves économes. Moi je crois que Bacchus outragé se vengeait en ridant, avant l'âge, ses fruits déshonorés par un vêtement ridicule. Car je les vois encore, et ils étaient affreux, ces petits cilices de crin gris et noir dans lesquels les grappes étaient plongées vivantes de lumière, comme dans une monastique prison. Toutes les belles subissaient cet encloîtrement, et les grappillons seulement, tordus et rabougris, échappaient à cet outrage, ce qui prouve qu'il y a quelque avantage à être laid. C'est uniquement quand cet embéguinage de toutes les splendeurs de la treille était consommé qu'on permettait aux enfants de rôder le long de la vigne, cueillant çà et là quelque grain oublié le long d'un pampre mal venu.

Dieu m'est témoin, s'il en a toutefois le temps, que l'idée vint de ma cousine Guillemette. On ne dit pas quel âge avait Ève quand elle perdit Adam. Peut-être six ans, tout simplement, comme ma cousine Guillemette ! Une femme, à six ans, en sait déjà assez pour rouler M. de Rothschild dans une combinaison financière. Mais rassurez-vous je n'étais pas millionnaire, dans ce temps-là, ni maintenant non plus. C'est une façon de dire. Qu'elle était jolie déjà, la petite mâtine, avec ses cheveux blonds emmêlés comme une gerbe qu'ont saccagée des amoureux, et ses yeux noirs mobiles et frémissant parmi les lis de son visage, comme deux mouches qui se débattent sur une tasse de lait ! Les pépins d'une grenade étaient moins appétissants que ses petites dents d'écolière ou de souris. Et maline ! sacré petit singe du bon Dieu ! va ! Elle me menait par le bout du nez, ce qui montre combien ses doigts étaient fins ; car je n'ai jamais eu le nez bien long et encore ne suis-je jamais arrivé à voir jusqu'à son bout. C'est maintenant une commère qu'un magistrat indiscret a comblée de six enfants dont pas un n'est de moi. Ces gens assis par profession ne doutent de rien et veulent se mêler de tout. Allez donc juger, compères, et chargez-nous de vous faire, pendant ce temps-là, une petite famille qui vous appellera : papa ! tout de même. Car nous ne voudrions pas vous priver d'un nom si doux. Ah ! Guillemette, ma mie, vous devez peser dans les cent quatre-vingts maintenant, et je ne vous en fais pas reproche, car la quantité, chez les dames, ne m'a jamais paru nuire à la qualité — au contraire ! Seulement, je constate que vous avez bien changé depuis ce temps où vous grimpiez sur mes maigres épaules pour voler du muscat dans le jardin de la tante Marthe, et où, pendant ce larcin, je couvrais de baisers innocents vos petits mollets nus. J'essayerais de recommencer aujourd'hui, parions que vous me flanqueriez une claque ! Ah ! vous avez bien changé !

Oui, c'est vous.... oui, c'est toi (vois si je me fiche de ton magistrat de mari !) c'est toi, friponne de Guillemette, qui défonces les fiacres aujourd'hui, c'est toi, sylphe de ma jeunesse (attrape ça, juge indiscret !), c'est toi qui eus l'idée infernale à laquelle je dois, en somme, de ne pas être ton époux aujourd'hui, au lieu de ce ridicule et prolifique Chicanous !

— Tu ne sais pas ! me dit-elle de sa voix de mésange caquetant parmi les cerises. Tu ne sais pas, Lolo (c'était alors mon nom), ce que nous devrions faire ?

— Non, ma divine Guillemette.

— Eh bien ! si nous ouvrions les sacs où sont les plus belles grappes, si nous mangions celles-ci, et si nous rattachions ensuite les chemises de crin autour des grappillons méprisés ? Le compte de sacs y serait toujours, et nous ferions, tous les matins, un fameux déjeuner.

C'est que, voyez-vous, la tante Marthe faisait le recensement de ses sacs chaque après-dîner. C'est une marque de confiance qu'elle nous prodiguait à Guillemette et à moi.

J'avoue que l'idée de Guillemette me parut tout simplement géniale. Elle fut suivie d'une exécution immédiate et continue. Quinze jours après ce trait de lumière, il n'était plus un sac qui ne renfermât quelque avorton de raisin, noir et rabougri, à la place du trésor savoureux et doré qui lui avait été primitivement confié. Es-tu content, Voltaire ?... C'est ainsi que la vie du cloître, c'est ainsi que le cilice, après avoir volé à la société ses fruits les plus appétissants, ne lui rendent que des débris d'humanité ! Si l'Université tout entière ne m'embrasse pas pour cette phrase-là, je renonce solennellement à la libre-pensée. Je me fais capucin !

Oui, quinze jours après, d'un bout à l'autre du mur, nous avions amélioré le raisin, à peu près comme le sport améliore les chevaux et M. Febvre la prononciation de ses disciples. Quinze autres jours après, ma tante Marthe revenait prendre à Paris ses quartiers d'hiver, on me remettait en pension et j'étais séparé de Guillemette.

Mais Noël devait venir ! Noël était venu ! Grand dîner chez la vieille tante Marthe, grand dîner à Paris où je devais revoir ma petite cousine, mon mauvais génie. Je jetai, en entrant, un furtif regard sur la table servie, sur la longue table où, entre une double rangée de verres de toutes tailles et de carafes rouges ou dorées, des petits gâteaux et des fruits s'amoncelaient, en pyramides tentantes, dans des compotiers de Sèvres. Des poires monstrueuses et des pommes énormes attirèrent mes regards. Je n'aperçus pas de raisin. Je m'en moquais pas mal! j'allais revoir Guillemette. Je la revis; mais il me sembla qu'elle n'avait plus les abandons délicieux de la campagne. Elle jouait à la demoiselle. Petite pécore !

Le repas fut gai et le dessert vint porté sur l'aile des toasts les plus familiaux.

— Apportez les sacs, dit tout à coup ma vieille tante Marthe.

Guillemette ne broncha pas, mais je me sentis rougir jusqu'aux cimes des cheveux, comme si j'eusse été dans le buisson ardent que vit Moïse.

— Je veux les défaire moi-même, ajouta la vieille exquise, avec un petit air friand, pour être sûre que les domestiques n'abîment pas le raisin en le dressant. Dame ! à cette époque de l'année, il est comme nous, gens de grand âge, fragile et facile à briser !

Positivement je devais sentir le roussi. Mais Guillemette, elle, ne semblait nullement troublée... O les femmes ! trésor de canaillerie !

Ma tante en ouvrant le premier s'écria :

— Mon Dieu, que ce Nicolas est bête ! Je lui avais dit de ne mettre en sac que les plus belles grappes et il les a toutes mises ! Tenez, ma nièce Coralie, c'est pour vous. Vous êtes mal servie, mais ce n'est pas ma faute.

La nièce Coralie, c'était tout simplement la mère de Guillemette. Elle fit une grimace et grommela : — C'est toujours comme ça !

Ouverture du second sac, silence. — Ouverture du troisième, murmures. — Ouverture du quatrième, fureur.

Ma vieille tante Marthe riboulait de petits yeux gris qui me donnaient la chair de poule.

— Quel est le polisson qui m'a volé mon raisin? dit-elle d'une petite voix cassante et éraillée par la colère.

Alors Guillemette se leva et, avec la pureté d'un ange qui apporte aux hommes la bénédiction du ciel, elle étendit vers moi son joli petit doigt rosé et laissa tomber de ses lèvres cet aveu charmant :

— C'est Lolo !

J'étais anéanti !... Un concert de malédictions s'élevait de partout autour de ma tête affolée.

Tout à coup, un cri de douleur et un abominable : Sapristi ! firent une heureuse diversion. En même temps, la nièce Coralie, oubliant toute retenue, se sauvait, toute retroussée, en hurlant comme une brûlée. Une guêpe, une humble guêpe de la nature que nous avions maladroitement enfermée dans un de ces sacs maudits et que la chaleur de la pièce du festin avait ranimée, en avait profité pour grimper aux jambes de la mère de Guillemette et la venir piquer au bord de son siège.

On me priva de vacances pour le reste de l'année. De plus, ma vieille tante Marthe, ayant conclu de cette aventure que j'étais un être profondément vicieux, déshérita mes parents, ce qui était d'une logique impitoyable. Elle laissa tout à la nièce Coralie, et c'est ainsi que ma cousine Guillemette devint trop riche pour qu'il me fût possible de l'épouser. Il en résulta qu'au lieu d'être un paisible mari, je fis, je vous le confesse, une vie de polichinelle. Eh bien, de vous à moi, je ne regrette rien. C'est très amusant de faire la noce !

III

LA ROUGEOLE DES CARPES

On faisait maigre, le vendredi, chez ma vieille tante Marthe.

Si vous croyez que ce souvenir me fait sourire de pitié aujourd'hui, vous vous trompez joliment. Mes idées religieuses se bornant actuellement à une foi inébranlable dans le théorème du carré de l'hypothénuse, je ne suis pas positivement ce qu'on peut appeler un dévot. Mais je n'éprouve pas néanmoins pour les religions l'horreur qu'affectent bien des gens qui en croient beaucoup plus long que moi. Ce n'est pas une raison parce que je suis retombé lourdement et cruellement dans la vie pour en vouloir au rêve qui emporte loin d'elle les hommes de bonne volonté. Les pratiques extérieures ne me semblent pas si ridicules, puisque la poésie des choses a toujours vécu de symboles. Vous me direz qu'el-

les ont le tort de ne répondre à rien de vrai ?...
Imbéciles ! Quand je vois deux hommes qui se
haïssent au fond se traiter courtoisement, est-ce
que je m'en indigne ? L'illusion est une politesse
que nous fait l'existence, et je ne suis pas d'avis
de supprimer la politesse. Et puis la fréquentation des libres-penseurs m'a rendu indulgent aux
catholiques. Les cérémonies du culte ont pour
elles un élément plastique qu'on n'a pas encore
su remettre ailleurs. Les beaux spectacles sont
une éducation pour les yeux de la foule et ré-
jouissent les regards mêmes de ceux-là qui n'y
cherchent aucune mythologie. Vous me direz que
c'est un médiocre tableau que celui de gens assis
devant des poissons et des légumes fumants
C'est égal, puisque ma vieille tante Marthe trouvait une satisfaction de conscience à ne pas faire
manger autre chose à ses hôtes le vendredi, elle
avait joliment raison !

D'autant que cette superstition innocente était
pour moi l'occasion d'un plaisir hebdomadaire et
unique.

Au bas de la propriété, devant une charmille

épaisse conduisant au pavillon, était une pièce d'eau que bordaient des joncs toujours pleins de libellules. Là, au moindre rayon de soleil, parmi les larges feuilles de nénuphar, apparaissaient les dos larges et bronzés de carpes énormes, aux majestueux mouvements. Chaque jour, on venait en compagnie leur jeter du pain après le déjeuner, et c'était une procession d'ombrelles le long de l'étang. Mais cet amour n'allait pas jusqu'à renoncer aux joies saintes de la matelote et, chaque vendredi, pendant mes longues vacances, il m'était permis d'en pêcher une pour le dîner. Une ! une seule ! entendez-vous. Or j'étais né pour vivre au bord du lac de Génézareth, parmi les premiers compagnons de Jésus, tant j'avais de goût pour les pêches miraculeuses. Tantale lui-même eût été moins malheureux que moi, une fois maître du butin permis, devant le butin défendu qui grouillait dans l'eau chantante avec je ne sais quel air narquois. On eût dit que ces mâtines connaissaient aussi l'arrêt de ma tante, et, une fois leur dîme payée, se réjouissaient à mon nez. Cette idée m'était intolérable et la ligne me démangeait dans la main de donner une bonne leçon à ces impertinentes. Oui ! mais si j'étais vu ! Il est vrai que je me levais à cinq heures du matin pour cette expédition. Un jour, je confiai mes sentiments amers à Guillemette.

— Mon Dieu, que tu es bête ! me fit-elle. Que veux-tu qui te voie à cette heure-là ? Prends-en donc tant que tu voudras. Tu les rejetteras ensuite et tu n'en garderas qu'une !

Quel génie que cette Guillemette !

Et je fis docilement, comme toujours, ce qu'elle m'avait conseillé.

Je ne partis plus qu'avec un énorme seau et, bravant les prescriptions de ma tante Marthe, je me mis à tirer autant de carpes de l'eau qu'il s'en trouvait disposées à mordre. Il fallait voir le petit œil indigné que me faisaient les pauvres bêtes quand je les décrochais cyniquement pour les jeter dans mon réservoir ! Le Remords doit avoir un œil comme ça. Mais j'y étais parfaitement insensible, et quand une demi-douzaine, quelquefois plus, étaient prisonnières dans le petit baquet, je prenais une joie féroce à les voir barboter dans cette eau insuffisante, glissant les unes sur les autres avec des miroitements d'écailles et des enlacements lumineux. Je les gardais ainsi le plus longtemps possible pour jouir de mon triomphe, et c'est au moment de partir seulement que, mettant de côté la plus belle, réservée à la société croustillante des petits oignons et du pain grillé, je rendais toutes les autres, piteuses et blessées, à la liberté.

Une fois, pendant que je me livrais à cette coupable fantaisie, il me sembla entendre derrière la charmille des pas sur le sable et un petit bruit de voix chuchotantes. Pas et bruit s'éloignèrent d'ailleurs dans la direction du pavillon, me laissant cependant inquiet. — J'ai certainement rêvé ! pensai-je en entendant six heures sonner au clocher d'Évry dans la gaieté de l'air matinal. Je continuai donc ma moisson de carpes, plus fructueuse ce jour-là que jamais. Cependant le pain commençant à me manquer, je me rappelai que la carpe mordait au gros ver rouge, et, suivant quelques instants la haie touffue, je la traversai brusquement, écartant les menues branches qui me cinglaient au visage pour aller à une plate-bande de terreau que je savais derrière. Un petit cri retentit et un jurement en même temps. Deux êtres, dont l'un semblait affolé et l'autre furieux, se dressèrent devant moi. Mlle Zoé cachait son visage derrière ses mains : mais mon cousin Adhémar, venant droit à moi, me saisit par les oreilles.

— Petit animal, me dit-il, que viens-tu faire là !

— Nous sommes perdus ! sanglotait la grosse Zoé derrière ses bagues.

— Moi, mais je pêchais ! fis-je suppliant.

— Où ça ?

Et mon cousin traversa la charmille à son tour, m'entraînant à travers les broussailles.

Quand il vit le seau plein de carpes, il parut éprouver un soulagement.

— Mon garçon, me dit-il, d'un air moins courroucé, si jamais tu dis un mot de ce qui est arrivé ce matin, je conterai à tante Marthe ce que tu as fait toi-même.

Je jurai d'être silencieux, et je tins parole.

Cependant, au bout de deux mois de ce traitement, les carpes commencèrent à se porter assez mal. Les blessures de l'hameçon et leur incarcération momentanée dans mon baquet firent sur leur santé un effet tout à fait fâcheux. Une épidémie se déclara dans la pièce d'eau, et mes anciennes captives commencèrent à crever avec un ensemble inquiétant. On ne voyait plus sur l'onde que leurs ventres argentés flottant entre des nageoires mourantes.

Ma tante Marthe était positivement au désespoir. Un vétérinaire qu'elle fit venir de Paris conclut à une affection typhoïque et fit jeter de la quinine dans l'étang, ce qui augmenta encore sensiblement la mortalité des poissons.

Sur ces entrefaites, arriva à la campagne un de ses hôtes habituels pendant les derniers mois de l'été, le docteur Monfessier, de la Faculté de Philadelphie. Ce savant distingué demanda à étudier le cas sur un cadavre, d'après les immortels procédés inaugurés par André Vésale, au grand scandale de ses contemporains. Il se fit donc livrer une carpe expirante et la soumit à l'investigation de ses instruments les plus délicats. Cet expérimentateur hors ligne eut bientôt distingué à la loupe, sur le *facies* de mes victimes, les petites cicatrices du fer. En les observant de plus près avec un microscope, il leur trouva un caractère éruptif très nettement défini. Puis, en incisant longitudinalement avec un scalpel plus fin qu'un cheveu, il acheva d'en déterminer la nature.

Le doute n'était plus permis : ces infortunés animaux avaient succombé à la rougeole, mais non pas, bien entendu, à cette rougeole bénigne qui est comme une nouvelle vaccine pour les enfants, à une rougeole maligne fort bien diagnostiquée autrefois par le docteur Pétosiris et fréquente encore en Égypte dans les cours d'eau où manquent des crocodiles, ce qui était bien le cas de la pièce d'eau de ma tante.

Quand, au milieu d'un silence admiratif, le docteur Monfessier fit solennellement, dans le grand salon, part au public de sa découverte, mon cousin Adhémar faillit se rouler par terre de rire.

Tout le monde fut indigné du scepticisme de ce polisson à l'endroit de la science.

— Voilà un garçon qui finira mal ! dit douloureusement le docteur, en haussant avec dignité les épaules.

Et, de fait, mon cousin s'est marié depuis et n'est pas encore veuf.

IV

LA VERDETTE D'ACHILLE

En ce temps-là, mon cousin Adhémar, qui avait vingt ans, faisait de la fort mauvaise peinture. Élève de Drolling, il n'avait pour cela qu'à bien profiter des leçons de son maître. Moi, j'étais encore écolier quand une formidable épidémie de variole décida nos parents à nous exiler de la petite ville où nous prenions en commun nos vacances, lui faisant des croquis de chic et des paysages composés en face de la nature, moi pêchant à la ligne et dévastant les vergers des voisins. On nous expédia, de concert, chez le parrain d'Adhémar, le père Antoine, un vieux paysan qui avait beaucoup d'écus, mais qui avait grand soin de ne les pas mettre au soleil, de peur qu'ils ne fondissent. Ce grigou sexagénaire vivait dans une façon de chaumière, seul... c'est-à-dire pas seul tout à fait, car il avait pour compagnon dans cette thébaïde le meilleur camarade de son glorieux patron, un porc dodu, rose, appétissant, qu'il réservait pour la Saint-Martin. Or, nous étions en juillet, au moment où commence cette histoire. En juillet ! Et ne croyez pas que cet Harpagon en profitât pour nous faire faire chère lie. Loin de là, il se servit de l'occasion pour nous faire achever, à nos repas, les haricots et les lentilles qui lui restaient de l'an passé. Je n'étais pas fort sensible, pour ma part, à ce mauvais traitement culinaire, mais Adhémar, qui était fort sur sa bouche, se lamentait, *a custodiâ matutinâ usque ad noctem*, d'être si insuffisamment restauré.

— Il faudrait, me dit-il un jour, décider le vieil avare à tuer son cochon. Au moins aurions-nous après boudin à foison et saucisses, et jambons, et saucissons, et pieds savoureux, et hure délectable. Car, comme l'a fort bien dit Charles Monselet, dans un sonnet célèbre, tout est chair délicate dans cet animal privilégié, depuis le grouin qui s'accommode fort bien d'être pistaché, jusqu'au bout de la queue que les gourmets adorent grillée et toute croustillante.

Pendant que mon cousin me tenait ce propos audacieux en plein vent, Achille (c'était le nom du cochon du père Antoine) nous contemplait, derrière un treillage, avec ses petits yeux affectueux et concupiscents, trouant la chair de son front comme deux charbons à travers la cendre et qui eussent attendri, par leur sympathique expression, des huissiers anthropophages.

J'avoue que le projet de cet assassinat me révolta d'abord au plus haut point.

— Demain ou à la Saint-Martin ! me dit philosophiquement Adhémar. C'est toujours la même chose. Laisse-moi faire et ne dis rien. Voilà tout ce que je veux de toi.

C'était, en effet, le seul degré de complicité dont je fusse capable dans ce mauvais dessein.

Le soir même, en lisant le *Petit Journal* à son parrain, qui ne connaissait pas le premier caractère de l'alphabet, l'astucieux Adhémar y intercala le paragraphe suivant :

« Une nouvelle épidémie vient de se déclarer, qui menace, en France, l'avenir de la race porcine, si chère à nos cultivateurs.

» Cette terrible maladie, qui a reçu le nom de verdette, se manifeste par des caractères faciles à saisir. La queue de l'animal attaqué devient d'abord d'un vert tendre, puis la nuance se fonce graduellement et passe de l'émeraude à la teinte sombre de certains feuillages. Arrivé à ce degré, le mal est incurable et l'animal, rapidement abattu, ne saurait être livré à la consommation. Dans les premiers jours seulement, il est encore temps de le tuer utilement, et sa chair, particulièrement savoureuse, peut être mangée sans le moindre inconvénient. »

— Ah ! mon Dieu ! dit le père Antoine, positivement atterré.

Le lendemain, sa première visite fut pour Achille, qui, grâce aux talents picturaux d'Adhémar, avait déjà l'appendice caudal pareil à une tige de lilas en avril. Il fit venir son filleul au plus vite.

— Ne trouves-tu pas que le porc a la queue légèrement verte ? demanda-t-il anxieusement à ce polisson.

— Moi ? pas du tout ! répondit l'hypocrite. C'est une idée que vous vous faites.

Mais, grâce à une seconde couche de vert véronèse, le doute n'était plus permis le lendemain, et l'opportuniste Adhémar lui-même dut convenir que le pauvre Achille avait une verdette caractérisée.

— Il faut le tuer bien vite ! fit-il avec une philosophie empressée qui donna des doutes immédiatement au père Antoine.

— Minute ! dit celui-ci. Je veux, avant de m'en défaire, lui assurer un successeur pour la Saint-Martin. Il ferait beau voir que je ne célébrasse pas, par une hécatombe, la mémoire du grand saint qui donna les manches de son macfarlane à un malheureux !

Et le lendemain, de grand matin, le père Antoine partit pour le marché de Melun, qui avait lieu ce jour-là.

Il en revint, le soir même, avec un délicieux petit cochon de lait dont la voix était harmonieuse comme celle de Sarah Bernhardt, et qui était infiniment plus dodu, un vrai petit ange bouffi qui ne demandait que des ailes pour s'enfuir, avec ceux de Murillo, dans quelque aérienne assomption.

Il fut déposé sous la tente d'Achille, dont le supplice fut, dès lors décidé, à la grande joie de cette canaille d'Adhémar.

Mais un dieu veille sur les cochons innocents et sur les enfants sensibles, comme je l'étais alors. Car cette tragédie en perspective me causait un indicible effroi.

Quand, dès l'aube du jour suivant, le père Antoine, son couteau à la main, pénétra dans le sanctuaire où sa victime était enfermée avec le nouveau venu, il poussa d'abord un cri de joie en apercevant la queue d'Achille frétillante de santé et d'un rose voluptueux qui eût fait envie aux joues virginales d'une jeune fillette de seize ans — puis un cri de douleur, en découvrant son nouvel élève piteusement couché dans un coin, immobile et ne soufflant plus que des hoquets d'agonie dont un tigre lui-même eût été remué.

— Ah ! les canailles ! fit-il d'une voix de tonnerre. Ils m'ont vendu un goret malade. Je suis volé !

Moi, je n'eus pas besoin du perfide Adhémar pour m'expliquer, à moi-même, la chose. Tout le monde sait que les cochons ont pour suprême politesse de se pourlécher l'envers du grouin, et qu'ils font ainsi connaissance comme les chiens en se flairant l'entre-deux postérieur des cuisses, Le malheureux cochon de lait, se sacrifiant, vis-à-vis de son aîné, à cette suprême convenance, avait absorbé la vénéneuse couleur dont Adhémar l'avait enduit sur ce point. Il mourait empoisonné, après avoir sauvé jusqu'à la Saint-Martin les jours de son compagnon de captivité. C'est beaucoup plus que n'en a fait Latude et même l'abbé Faria.

Conclusion : le cochon de lait fut enterré et Achille dura jusqu'à la Saint-Martin tandis qu'Adhémar et moi nous continuions à nous gonfler de lentilles sèches et de haricots momifiés.

Moi, je trouve que c'était bien fait. Seulement, vous savez, quand vous m'inviterez à dîner en juillet, je refuse positivement de manger des conserves.

V

LA CLEF DE M. PACOT

Quel homme que M. Pacot, mon premier maître !
Et quelle école que celle dont, tout d'abord,
j'usai les bancs ! L'un semblait fait pour l'autre :
— M. Pacot, avec sa mine patibulaire, sa longue
chevelure sale, ses lunettes encadrées de noir, ses
culottes luisantes et ses larges mains en battoir ;
— l'école avec ses murailles nues, ses grands
vitrages malpropres, ses tables crasseuses, sa cour
plantée d'arbres poudreux. Et pourtant, ce que
c'est que des miracles de la nature ! Quand M. Pacot
avait sa redingote des dimanches et son gros
missel sous le bras, je lui trouvais l'air plein de
noblesse et de majesté. Quand une grande ondée
de soleil tombait, sur les trois heures, dans la
prison où j'ânonnais mes rudiments, celle-ci m'apparaissait comme un palais de féerie, plein de
lumineuses visions. — Quand le printemps piquait

de ses petites flèches d'émeraude les rameaux noirs des tilleuls rabougris sous lesquels je jouais à la poucette, un rêve de Paradis terrestre me passait dans le cerveau. Je n'ai gardé rancune ni à ce pauvre diable qui m'apprit pourtant beaucoup de bêtises, ni à sa maison, malgré que les sièges y fussent bien durs, le jardin bien mal tenu et le confortable inconnu. J'ai même des attendrissements niais à penser aux larges tartines que je mangeais accoté contre le mur, pendant la récréation, tandis que mon camarade favori Bardou, toujours indiscipliné, se repaissait tristement d'un croûton parfaitement sec. Qu'a-t-il pu devenir, ce Bardou ? Menteur, voleur, paresseux, il doit ramer moralement sur des galères, à part que, ses goûts le portant vers la politique, il ne soit préfet, ou encore qu'il n'ait fait à la Bourse une de ces fortunes rapides qui n'en imposent qu'aux sots et aux naïfs. Après tout, je m'en fiche aujourd'hui, de Bardou. Mais, en ce temps-là, je ne pouvais pas me passer un moment de lui. Il était Patrocle juste autant que moi Achille. Deux têtes dans un même bonnet... d'âne, comme le disait spirituellement M. Pacot.

Quand M. Pacot nous faisait réciter du Lhomond, il avait coutume de tenir dans sa bouche et de mordiller entre les trois ou quatre rocs verdâtres qui constituaient son mobilier dentaire, l'un ou l'autre bout d'une petite clef qui ouvrait son pupitre et qui ne le quittait jamais. Qu'y avait-il dans le pupitre devant lequel M. Pacot était juché, pour enseigner, comme Thomas Diafoirus à la Comédie-Française ? Une patoche avec laquelle il nous donnait des claques au bout des doigts, son livre d'Heures, dont la reliure eût pu alimenter un consommé, puis un tas de petits papiers enveloppant qui du gruyère, qui du chocolat, qui quelque autre vieillerie alimentaire que le maître grignotait à l'occasion, tout en continuant sa classe. Saccager ce garde-manger était le rêve de Bardou. Car ce garçon était bien le moins dégoûté du monde. Seulement M. Pacot ne quittait jamais sa clef, et forcer la serrure dépassait encore, en ce temps-là, les audaces de Bardou. J'espère bien qu'il a perdu aujourd'hui ces ridicules délicatesses. S'il est préfet, il a eu, pour s'exercer, l'expulsion des religieux, et s'il est boursier, il n'a même pas besoin d'ouvrir les coffres-forts, puisqu'il les vide. Bardou ne dormait plus, possédé qu'il était de l'idée de chiper cette maudite clef. Et quand il avait de ces fantaisies-là, il devenait parfaitement insupportable. Si bien que je cherchais par tous les moyens à les satisfaire pour assurer mon propre repos et la bonne humeur de mon compagnon.

C'est ainsi que je me dévouai encore dans cette circonstance solennelle et que, profitant ingénieusement du moment où M. Pacot était sorti, en froissant bruyamment un journal, sans d'ailleurs rien dire de ses secrètes intentions, j'enlevai le précieux objet au pupitre même, aux applaudissements de la classe tout entière.

Quand M. Pacot revint, ayant laissé son journal je ne sais où, son premier regard fut pour sa précieuse clef. Il crut d'abord qu'il l'avait emportée dans sa poche et y fouilla, puis une angoisse indicible se peignit sur son visage, et il se sauva en courant, comme s'il pensait qu'il avait pu la laisser choir ailleurs. Il revint atterré un instant après, et son regard, plein d'une mélancolie austère, se mit à fouiller les bancs où tous mes camarades chuchotaient autour de moi, tandis que Bardou éclatait franchement de rire. J'étais plus mort que vif quand M. Pacot s'avança vers moi, roulant sous son front je ne sais quelle hypothèse monstrueuse justifiée par la tenue dénonciatrice de ces polissons. J'étais perdu ! Une idée soudaine me vint. Me retournant brusquement, je fourrai l'objet du délit tout entier dans ma bouche. A ce moment, le maître me frappa sur l'épaule. Mon saisissement fut tel, qu'en voulant reprendre du souffle, j'avalai la clef !

M. Pacot put me fouiller ensuite. Rien dans les mains, rien dans les poches. Ce brave homme me fit publiquement amende honorable et s'excusa de ses soupçons, pendant que je commençais à ressentir les symptômes d'un étouffement en règle.

Heureusement que la classe allait finir.

Ah ! je souffrais trop ! J'avouai tout, en rentrant à la maison. Ma mère ne prit pas le temps de me gronder, mais épouvantée, la digne femme, elle courut chez M. Clysanthème, le pharmacien, qui lui prépara incontinent, en sa présence, mais longuement, une délicieuse potion destinée à me faire évacuer rapidement l'objet obturateur par les voies inférieures. Pendant ce temps-là, je me débattais dans d'épouvantables coliques, et mon père était rentré. Mon père, lui, ne croyait pas à la science des apothicaires. Il s'élança chez son vieil ami le docteur Monfessier, qui lui remit aussitôt des pilules magiques, inventées par lui et destinées à me faire rendre à la serrurerie de mon pays un de ses plus beaux ornements, mais cela par les voies supérieures, autrement dit par la bouche, comme font messieurs les ivrognes de leurs excès de boisson.

Pilules et potion me furent administrées à cinq minutes les unes de l'autre, par mes malheureux parents affolés.

Alors se passa en moi un phénomène difficile à décrire. Vous avez vu certainement, dans les foires, ces petits bonshommes qu'un physicien en plein vent fait monter et descendre à sa volonté dans un tube de verre, par une pression légère de son doigt à la partie supérieure. Eh bien, sous l'influence des deux forces contraires qui l'attiraient, celle-ci par en bas, et celle-là par en

haut, la clef, sollicitée d'une part par la purge de
M. Clysanthème, et de l'autre par le vomitif de
M. Monfessier, commença à exécuter dans mon
estomac — que dis-je ? — d'un bout à l'autre de
mon tube digestif, une danse absolument pareille,
oscillant avec une rapidité vertigineuse entre ces
deux pôles de mon individu. Un grain de plomb
secoué dans une bouteille ne se livre pas à une
voltige plus insensée. Je suffoquais, la force me
manquait pour crier. Je rougissais, je verdissais,
je mourais.

— Ah ! mon Dieu !... Et mon père, et ma mère,
à genoux devant moi, se tordaient sous un torrent
de larmes.

— Pan ! une détonation formidable ! quelque
chose de strident et de sec comme un coup de
pistolet. En même temps, le lustre de la pièce
sautait en éclat et ma culotte se déchirait avec
fracas sous moi. Mais j'étais soulagé !... j'étais
sauvé !... J'avais rendu par la bouche et projeté
violemment en l'air la barbe de la clef brisée, tandis que la poignée, lancée comme un obus par
l'autre côté, avait traversé mon vêtement. Le fer

lui-même n'avait pu résister à la double médecine qu'on m'avait ingurgitée.

Je reçus un bon savon quand je fus complètement rétabli. De plus, mon père, qui était un homme prudent, fit ressouder la clef par le milieu et la rendit à M. Pacot, sans lui rien conter d'ailleurs des péripéties qu'elle avait traversées. Celui-ci continua donc à la mâchonner entre les trois ou quatre rocs verdâtres qui composaient son mobilier dentaire, tout en nous faisant réciter du Lhomond... Je vous prie de croire que Bardou (à qui j'avais tout dit) et moi, nous avions de bonnes envies de rire quand c'était par le côté de la poignée qu'il se la fourrait dans la bouche !

VI

SCHNEIDER ET CORNÉLIUS

C'était un pays de fabriques que celui où nous vivions et, tout à côté de la maison de mon père, était une immense manufacture occupant de nombreux ouvriers et une vraie nuée de polissons. On avait grand'peine à m'empêcher d'aller jouer avec ceux-ci et c'était pour moi un crève-cœur véritable, de les voir, de ma fenêtre, se ruer comme des grenouilles dans le grand canal, à l'époque des beaux jours, ou bien, pendant l'hiver, se jeter des boules de neige pendant que leurs surveillants avaient le dos tourné. On jugeait alors que la fréquentation de ces petits drôles m'aurait donné de mauvaises façons, ce qui ne veut pas dire que les miennes soient d'une correction académique. Non seulement on me défendait de sortir à l'heure de leur courte récréation, mais encore on avait recommandé aux contre-maîtres de me mettre consciencieusement à la porte quand j'essayerais de me glisser dans l'usine. Ces gardiens de ma jeune vertu étaient au nombre de deux, le père Schneider et le père Cornélius.

Je les revois encore, dans mes souvenirs, avec leurs casquettes de fausse loutre rabattues sur les yeux, leur démarche pesante qu'alourdissaient encore d'énormes sabots et leurs longues pipes en porcelaine dont la brûlure avait tracé, sur leurs moustaches blanchissantes, un cercle jaune pareil à celui que les chiens dessinent en pissant sur la neige. Leur air patriarcal en imposait à tout le monde et leur vieille amitié était légendaire. Ce n'est même que vingt ans plus tard que j'appris qu'ils se faisaient outrageusement cocus. Le secret de bien des intimités persistantes est là. Je n'ai pas besoin de vous dire que tous deux étaient Allemands. Car, dès ce temps-là, nos voisins d'outre-Rhin commençaient à nous envahir doucement, sous couleur de venir travailler chez nous à meilleur compte que nos producteurs nationaux. Et là, sur notre sol hospitalier, dans notre patrie de jobards, ils faisaient les gentils, les affectueux et les saintes-nitouches. Si bien qu'il a fallu un écrasement complet de la France par ces

Vandales pour nous guérir de nos illusions à leur endroit!

Ah! mon Dieu! quand j'y pense, que l'Empire a donc été bête! Mais comme ils ont été bêtes aussi, eux, nos vainqueurs! Avec un peu de magnanimité dans le triomphe, ils nous eussent encore empaumés, comme devant, et au lieu d'être obligés de nous voler nos pendules pour avoir l'heure chez eux, ils auraient continué à venir la prendre chez nous, à notre beau soleil, ce qu'ils recommencent à faire d'ailleurs de plus belle ; car nous n'avons pas les rancunes longues, nous, les petits fils cependant de Vercingétorix. Ah ! oui, les bêtas et les brigands! ils n'avaient qu'à continuer patiemment leur petit travail d'infiltration lente dans nos industries, et, ce qui est plus grave, dans nos habitudes et dans nos mœurs. Nous avons ceci de particulier que les étrangers ont pour nous un prestige invincible. C'est vraiment plus fort que nous : si fort que, malgré les souvenirs peu aimables que nous rappelaient les uniformes prussiens, nous n'avons eu rien de plus pressé que d'en adopter les traits caractéristiques. En ce moment-

ci même, la 'rection de la Comédie-Française
travaille à apprendre le français à une jeune Russe,
uniquement dans l'espoir de faire surgir une
grande artiste qui ne soit pas notre compatriote.
A nos salons annuels, nous n'avons pas assez de
récompenses pour les peintres et les sculpteurs
qui ont eu la chance de ne pas naître entre le Rhin,
la Manche, l'Océan, l'Espagne, la Méditerranée
et les Alpes. Quand même nous affectons de nous
moquer de nos voisins et de les parodier, c'est en
prenant un certain plaisir à les imiter. Les Anglais
qui nous ont longtemps servi de plastrons, ne
nous en ont pas moins imposé de tout temps leurs
modes les plus disgracieuses.

Il s'en fallait bien, cependant, qu'au temps
dont je parle, l'usage de la bière, ce sang pâli de
la vieille Allemagne qu'elle est en train d'infuser
dans nos veines, fût aussi répandu qu'aujourd'hui.
On buvait encore du vin, du vin clair de France,
chaud, rouge et bavard. Les chansons grivoises
s'envolaient des verres empourprés et le rire y
trempait le bout de ses ailes sonores. Dans les
lieux seulement où des agglomérations germani-

ques s'étaient formées, des débitants à cheveux jaunes, maris de femmes aux pieds gigantesques, détaillaient, pour leur clientèle particulière, du jus de houblon plus ou moins mousseux. Tous les soirs, une ondée de fumeurs de longues pipes s'abattait autour des tonneaux puants dans l'haleine chaude et aigrelette des choucroutes. Tel était le taudis en planches mal équarries, au sol humide, malpropre et infect, où, après leur journée, maître Schneider et maître Cornélius venaient vider leur chope, en devisant de leur Patrie aux cathédrales aiguës, aux *lieds* assommants. Ils étaient beaux à voir alors, humant par larges bouffées l'écœurant parfum de leur gros tabac, assis en face l'un de l'autre comme des chiens de faïence, enfouis dans de vieilles fourrures, l'air frileux et réjoui à la fois. Je me payais quelque fois ce spectacle innocent et pittoresque, essayant moi-même, pour faire l'homme, de tirer fort après une cigarette qui me faisait rapidement mal au cœur. C'est ainsi que j'avais surpris un des secrets de leur vie.

Oh ! secret bien naïf. — Schneider, le débonnaire Schneider, avait cru s'apercevoir que, dès qu'il avait le dos tourné pour la satisfaction du plus honnête des besoins et du plus naturel chez un grand buveur, Cornélius, le perfide Cornélius empoignait sa chope à lui, Schneider, et y faisait du bout des lèvres des emprunts silencieux et répétés. Schneider était naturellement généreux, mais il n'aimait pas qu'on lui chipât ce qu'il eût peut-être aimé à offrir. Il nourrissait donc une sourde colère du procédé indélicat de son compatriote. D'abord il cherchait à s'absenter le moins possible et ne quittait la petite table que vaincu par une douloureuse nécessité. Ensuite, il avait imaginé mille moyens de faire comprendre à Cornélius qu'il n'était pas sa dupe ; mais celui-ci, pareil aux sourds qui ne veulent pas entendre, avait l'air de ne rien saisir aux apologues répétés de son partenaire. Schneider était positivement malade de ce soupçon rentré et impossible à justifier.

Enfin, un jour, une idée lumineuse lui vint.

Cornélius étant sorti le premier, Schneider, avant de le suivre, écrivit sur un petit bout de papier ces mots peu rassurants : « Ch'ai gragé dans mon chope », et les mit en évidence sur son verre à demi plein.

Quelle ne fut pas sa surprise, en revenant, de trouver au-dessous de sa propre prose ces simples lignes de la main de Cornélius : « Et moi aussi ! »

Cette plaisanterie brouilla nos deux amis et me dégoûta à jamais de la bière.

VII

LA GIROUETTE

Il est psychologiquement certain que le vent devait avoir une influence néfaste sur les destinées de Boniface Busensac, comme autrefois sur celles d'Iphigénie. Ces colères mystérieuses d'un élément, insensible en apparence, contre une créature innocente, ont souvent été constatées par l'antiquité qui possédait bien des secrets perdus pour nous. Tout le monde sait que Léandre se noya dans l'Hellespont (et non dans le Bosphore comme on le croit à l'Académie), mais beaucoup ne savent pas, qu'enfant, sa nourrice l'avait déjà laissé tomber dans une cuvette. Une foule de gens n'ignorent pas que Jeanne d'Arc, la bonne Lorraine, comme l'appelait Villon, mourut dans la flamme, bien que le commentateur anglais Crichton ait insinué qu'elle avait succombé à une simple hémiplégie causée par la fumée ; en revanche, fort peu ont appris que, toute petite, le feu l'avait déjà prise aux jupes pour avoir passé trop près de la cheminée. Moi, je crois que c'est la Terre qui m'en veut et j'ai une vague crainte d'être un jour enterré. Mais lui, Boniface Busensac, c'était le vent qui lui avait manifestement juré une haine mortelle. Dès l'âge le plus tendre, il lui avait envoyé, à tout bout de champ, des grippes et des fluxions. Il ne se pouvait promener que l'air en furie ne lui balayât au visage quelque orde papier enlevé au coin du mur ou ne prît plaisir à lui apporter des parfums douteux sous le nez. Tout cela n'était que prélude à la guerre impitoyable qu'il lui devait faire jusqu'à la fin de ses jours. Il n'était coin mystérieux où son ennemi ne se cachât pour le guetter, au point de se blottir parfois en lui-même pour lui jouer de méchants tours, comme on le vit bien dans la circonstance où son avenir artistique fut brisé.

Boniface Busensac était alors premier basson au Grand-Théâtre de Bordeaux. Il avait choisi cet instrument à vent justement pour tâcher de désarmer son bourreau par le mystérieux pouvoir de la mélodie. Il n'avait pas son pareil d'ailleurs pour y imiter les tempêtes humaines dans ce qu'elles ont de plus intime et de moins shakespearien. Car tel est le véritable métier du basson dans la musique. Harmoniste familier, il nous ramène sur la terre après les extases divines de la harpe et du violon.—Enfin! Heureusement que ça ne sent rien! comme disait le vieil Auber après le concours du Conservatoire. Busensac connaissait à fond les ressources de ce ventriloque en bois et les exploitait avec un art vraiment infini. Il était donc fort estimé de tous ses camarades, les joueurs de cor, les joueurs de flûte, les joueurs de hautbois, les joueurs de saxhorn et autres souffleurs désespérés qui se mettent résolument dans la bouche des courants d'air pour en animer le palissandre ou le cuivre. Comment tout ce bonheur croula-t-il? Par une malice infâme de l'élément qui avait juré de ne lui pas laisser un instant de repos. Un jour, en exécutant une ouverture fort compliquée, Boniface Busensac, qui souffrait depuis cinq minutes d'une colique gonflante, se crut arrivé, en comptant mal les mesures, à un formidable tutti de tous les instruments de l'orchestre.

Jugeant le moment opportun pour se soulager, il y alla de toutes ses forces et accoucha, par ailleurs que le pavillon de son outil, d'un bruit sec et ronflant. Malheureusement c'était justement sur un silence complet des anches et des cordes. Un murmure d'indignation mêlé d'éclats de rire se leva de la salle et rendit impossible la fin du morceau commencé. Ce malencontreux solo lui valut une algarade épouvantable de son chef d'orchestre.

— Misérable ! lui dit celui-ci plein de colère. Est-ce que vous m'avez jamais entendu rien faire de semblable ?

— Parbleu ! c'est bien malin, répondit philosophiquement le coupable, vous ! vous avez la partition !

Cette réplique fut jugée impertinente, et notre ami honteusement expulsé du Grand-Théâtre de Bordeaux.

J'ai dit : notre ami ! car Busensac, désespéré, avait quitté le chef-lieu de la Gironde pour se venir réfugier aux environs de Paris qui sont, comme chacun le sait, assez diversement habités pour constituer une sorte de terre libre et neutre à toutes les infortunes méritées ou simplement discrètes. C'est ainsi qu'il était devenu notre voisin, ayant loué, de l'autre côté de notre mur, un pavillon et un jardin d'où il ne sortait guère, mélancolique qu'il était devenu. Il y passait son temps à cultiver les tulipes, comme un simple habitant de Haarlem, à élever des fauvettes, à fumer sa pipe et surtout à regarder sa girouette, une petite girouette ayant la forme d'un chasseur en train de tirer le lapin, laquelle il avait lui-même installée à la cime de son toit et dans laquelle il mettait exclusivement sa confiance. J'ai oublié une des mignonnes manies de ce vieillard excellent. On n'est pas de Bordeaux et on ne porte pas un nom en *ac* sans aimer le bon vin. M. Busensac n'avait qu'un luxe, un seul : une cave toujours bien fournie et qu'il entretenait avec amour des plus authentiques crus. Car il avait quelque fortune personnelle, depuis la mort d'un oncle qui lui avait laissé beaucoup de flacons pleins et un peu d'argent. Vous savez maintenant pourquoi ce digne homme interrogeait souvent, non pas la marguerite des amoureux, mais la rose des vents. Il faut être ignorant, en effet, comme quarante ânes et leurs âniers, pour ne pas savoir que le bordeaux ne se doit mettre en bouteilles que par un fort vent du nord. Retenez bien ça, mes petits Midas. Faute de ce soin, vous pouvez transformer en Argenteuil ordinaire un excellent Saint-Émilion, ce qui est moins avantageux que l'opération inverse, familière aux marchands de vin.

Or, il advint que Busensac reçut une demi-pièce d'un Château-Margaux d'une merveilleuse année et qui méritait d'être traité avec un respect tout particulier. Mais, par un nouveau tour de son éternel ennemi, deux mois durant, le vent souffla de l'est, de l'ouest ou du sud, sans se jamais arrêter au quatrième des points cardinaux.

— Mon Dieu, dit le pauvre diable absolument exaspéré, est-ce qu'il ne ventera plus jamais du nord ?

Cette exclamation douloureuse que j'entendis me fit rêver.

Saint Augustin a eu tort, je crois, quand il cita avec admiration et comme un modèle de délicatesse la conduite d'un chrétien nommé Apicius, qui, plutôt que de payer ses contributions et patentes au collecteur romain, préféra lui livrer sa femme. Mais où ce Père de l'Église eut raison, c'est quand, à propos du vol d'une pomme commis par lui dans son enfance, il dénonça l'esprit de malice, qui, dès notre jeune âge, nous inspire les plus méchantes inventions. Edgard Poë a repris depuis cette idée, et l'a modernisée dans une forme poétiquement pittoresque. Mais vous la trouverez en germe dans les *Confessions,* un livre infiniment plus intéressant, de vous à moi, que les poésies complètes du sieur Maxime Du Camp. C'est à une de ces tentations infernales, à une de ces impulsions aveugles d'une destinée cruelle que j'obéis, sans doute, en concevant un plan immédiat, à la simple audition de ces mots de notre voisin :

— Mon Dieu, est-ce qu'il ne ventera plus jamais du nord ?

Mon premier projet fut d'invoquer Éole et d'en faire mon complice. Le second fut infiniment plus pratique. Par quoi notre voisin et ami connaissait-il le sens du vent? Par sa girouette, puisqu'il ne sortait jamais de chez lui. Dès lors, il suffisait de fixer celle-ci dans une orientation inflexible pour qu'il crût que le même vent soufflait toujours. Mille dangers entouraient d'ailleurs l'exécution de cette fumisterie. Mais mon mauvais génie me poussait visiblement. Une belle nuit, bien claire, je gagnai à quatre pattes le toit du voisin, utilisant en cela, fort à propos, les belles leçons de gymnastique que m'avaient fait donner mes parents. Parvenu au pied de la girouette, j'attachai solidement à sa tige avec un fil de fer un des pieds du chasseur, de façon qu'il lui fût impossible de tourner, après avoir d'ailleurs dirigé l'instrument dans la direction de l'est-ouest. Je faillis me casser dix fois les reins, mais je vins au bout de ma mauvaise action.

Dès lors, l'existence de Boniface Busensac devint un martyre :

— Quel climat, disait-il, que celui-ci. Des sécheresses horribles par le vent d'ouest !

Ou bien :

— Nous approchons certainement de la fin du monde, car tous les éléments sont bouleversés !

Ou bien encore :

— Mon Château-Margaux va trop vieillir en fût et se gâter !

Et il laissait mourir ses tulipes, faute de les arroser; et il cassait ses pipes les unes après les autres; et il oubliait de donner à manger à ses fauvettes. Et la maudite girouette continuait à demeurer fixe dans son témoignage menteur !

Au bout de six mois, le bonhomme tomba malade de langueur. Il mourut au bout de dix, le courage m'ayant manqué d'aller défaire mon propre ouvrage au péril de ma vie ou de trahir mon infâme secret.

Le jour même où il trépassa, mon fil de fer cassa, et sa girouette délivrée se mit à tourner joyeusement au nord. J'ai toujours pensé que c'était son âme qui, en passant par le tuyau de la cheminée, était venue rompre les liens du chasseur innocent, toujours en train de tirer son lapin.

Busensac nous avait laissé tout son petit bien. Le Château-Margaux, rapidement mis en bouteilles, fut excellent, et longtemps je dus en boire de grands coups en cachette, pour endormir mes remords. Car, chez moi, comme vous avez pu le voir, le fond est excellent.

VIII

LA CHASTE LUCRÈCE

Bien qu'ayant huit ans, pour le moins, de plus que moi, mon cousin Adhémar venait prendre, en ma compagnie, durant les vacances, les leçons de maître Pacot.

Il avait eu, en effet, l'honneur d'être déjà refusé cinq fois à son baccalauréat, ce qui ne prouve pas qu'il en sût beaucoup moins que· ceux qui le passaient avec succès. Seulement, ce moins-là, il le savait plus mal, ses qualités étant plutôt celles d'un singe que d'un perroquet.

Cela ne l'empêche pas d'être aujourd'hui conseiller d'État et de se croire un des hommes les plus utiles à la prospérité de son pays.

> Sénateur n'ai pu,
> Député ne daigne,
> Conseiller suis !

Telle pourrait être la devise de ce joli cancre.

Mais n'anticipons pas sur le cours des événements qui transformèrent un particulier inepte en homme politique précieux. J'en connais pas mal de ces gars-là qui eussent été fort empêchés de gagner leur vie autrement qu'aux dépens de ce gentilhomme débonnaire qu'on appelle Monsieur le Budget, race de gens qui font profession de souffler au cul du char de l'État pour le faire marcher plus vite et n'auraient pas eu assez de vent pour se gonfler à eux-mêmes la fortune d'un modeste travailleur. Je reviens à mes souvenirs.

Elle était grande, nue et sale, la large pièce de l'école vide où Maître Pacot nous donnait ses répétitions, sa chaire étant adossée à un pan de mur séparant deux fenêtres. Ces fenêtres donnaient sur une façon de jardin fermé, tout au bout, par une belle avenue de platanes que j'apercevais de mon banc, sans cesse distrait par ce coin de nature où les oiseaux récitaient leur rudiment infiniment plus gai que le mien.

Nous étudiions, en ce temps-là, l'histoire romaine. Adhémar, qui professait pour l'héroïque légende des fils de Romulus une indifférence voisine du mépris, ne manquait jamais d'alléguer une horrible migraine pour se dispenser des commentaires de M. Pacot à ce sujet. A force de grimaces douloureuses, il obtenait d'aller se promener dans le jardin, me laissant livré, seul, aux élucubrations pédantesques de notre commun maître.

Au jour dont je veux parler, nous en étions à la fondation de la République, laquelle avait le don d'exciter singulièrement la verve de ce birbe intempérant. Car M. Pacot était républicain — ce qui n'est pas vraiment bien méritoire en temps de monarchie — et professait pour Brutus un culte presque compromettant pour ce dernier. Car je ne sais rien de plus blessant pour la mémoire d'un grand homme que l'admiration des imbéciles. Donc M. Pacot était en train de m'expliquer, avec toutes les réserves de la pudeur professionnelle, comment l'attentat du jeune Tarquin sur la personne de la chaste Lucrèce avait fait sonner, pour Rome, le réveil de la liberté.

J'étais fort innocent à cette époque (je dois convenir que j'ai un peu changé) et même, avec des points sur les i, les histoires d'amour me laissaient dans une perplexité que je pourrais trouver comique aujourd'hui.

— « S'étant enflammé d'une coupable passion pour la femme Lucrèce d'un citoyen fort considéré, nommé Collatin, le jeune Tarquin osa profiter de l'absence de son mari pour se glisser auprès d'elle... »

Ainsi parlait le texte.

J'eus une distraction à ce moment-là, et ayant jeté un coup d'œil furtif dans le jardin, j'aperçus mon cousin Adhémar en train de se glisser auprès de Mme Pacot qui brodait une blague pour son mari.

— Tiens ! pensai-je, c'est presque la même histoire.

Et le texte poursuivait :

« Ayant tenu à cette vertueuse personne de déshonnêtes propos qu'elle avait repoussés avec horreur... »

Je ne sais pas si les propos tenus par mon cousin Adhémar à Mme Pacot étaient déshonnêtes, mais il me parut qu'elle lui témoignait bien doucement son horreur en se rapprochant de lui.

« Le misérable tomba à ses genoux... »

Quelle coïncidence entre le présent et le passé !

Mon cousin Adhémar était justement en train d'effectuer la même pantomime devant Mme Pacot qui, rouge comme une cerise, semblait l'inviter à se relever.

« Il lui déclara sa flamme en l'accompagnant de menaces terribles... »

Pas si terribles que ça, monsieur Pacot ! Car mon cousin Adhémar continue à se comporter comme un Tarquin de la plus belle eau et votre épouse ne paraît nullement effrayée du châtiment dont il menace ses rigueurs.

— « Alors, hors d'elle-même, l'épouse outragée appela à son secours.. »

Ta ! ta ! ta ! ta ! c'était bon dans le temps ! Mme Pacot ne pousse pas le moindre cri, mais elle montre à mon cousin Adhémar un petit berceau de feuillage sis à l'une des extrémités de l'avenue de platanes, et tous deux se dirigent vers ce mystérieux réduit e verdure, en se tenant par la taille et en se donnant des baisers.

On est innocent !.. mais certains spectacles sont troublants pour les ingénus eux-mêmes et mon cœur battait si fort... je ne sais pourquoi.... que mon livre tomba de mes mains.

Quand je l'eus ramassé, les deux amoureux ayant disparu derrière les arbres discrets, M. Pacot continua impitoyablement son explication.

Après avoir flétri, comme elle le méritait, la conduite du jeune polisson qui avait fait Collatin cocu, il insista sur les bienfaits de la civilisation moderne et sur les progrès de l'esprit nouveau, lesquels ne souffrent pas que d'aussi scandaleuses aventures se reproduisent dans une société régénérée par la Révolution ; il montra, fort éloquemment, ma foi, le grand souffle de quatre-vingt-neuf, jetant à terre les cornes séculaires de Mélénas et Chilpéric. Après cette digression heureuse, il continua, par le menu, l'histoire commencée, me décrivant tour à tour, dans un langage stupide mais imagé, le retour de Collatin, la confession et la mort de sa femme, la généreuse fureur de Brutus et le grand peuple qui devait conquérir le monde, fondant sur un adultère bourgeois le glorieux édifice de son indépendance, ce qui prouve que les crimes ont du bon et que le tout est d'en savoir tirer parti.

J'étais vraiment fort ému par la suite de ces événements tragiquement enchaînés.

— Nom de nom ! pensai-je en moi-même, pourvu que Lucrèce Pacot n'ait pas la tentation de se confesser à son Collatin ! Mon cousin Tarquin Adhémar serait dans de jolis draps ! Et le gouvernement de Louis-Philippe donc !

Je voyais déjà un Quarante-Huit anticipé balayer l'œuvre corrompue des Guizot et des Thiers sur les talons du prince qui mérita le nom de Père des Parapluies !

Je devais être bientôt rassuré. Tarquin Adhémar rentra le premier, et notre maître lui demanda des nouvelles de sa migraine avec une paternelle sollicitude.

— Je me trouve mieux, répondit celui-ci : l'exercice m'a fait du bien.

— Eh bien ! mon garçon, puisque vous connaissez le remède, n'hésitez pas à y recourir, reprit M. Pacot.

Hein ! quel bon Collatin ! Et pas faiseur d'embarras, celui-là !

Lucrèce Pacot entra à son tour à la fin de la leçon. Mais si vous croyez qu'elle confessa quoi que ce soit, vous êtes des serins jaunes.

— D'où venez-vous, ma mie? lui demanda affectueusement son mari.

— De travailler à la petite surprise que je vous réserve à votre fête, mon cœur.

Vous savez, la fameuse blague!

Il l'embrassa chastement sur le front, et, le lendemain il n'y eut pas la moindre révolution.

M. Pacot avait raison et nous serions injustes en méconnaissant la grandeur d'une époque où, loin de troubler le repos des peuples, l'infidélité des femmes raffermit la paix du foyer.

IX

HENRIETTE D'ÉTIOLES

La belle fille que c'était que cette Louison !

Nous avions le même âge (hélas ! pauvre Louison, nous l'avons encore !) mais elle était plus grande et plus forte que moi. A dix ans, c'est-à-dire au temps où je parle, on n'eût pu mieux la comparer qu'à une de ces fleurs d'églantier, roses, hautes, largement ouvertes et pleines d'un parfum sauvage. Ses cheveux d'un blond pâle encore, mais déjà lourds, lui balayaient le cou, un vrai cou d'écolière se dégageant d'un fichu invariablement déchiré ; il fallait la voir, en hiver, les jambes — des jambes qui avaient déjà un dessin ! — toutes nues, les chairs fouettées par le vent, courir dans la neige avec des affolements de jeune chien. L'admirable petite bacchante que c'était en automne, le visage toujours barbouillé de raisin, chantant sur le grand chemin, avec des lambeaux de sabots aux pieds ! Ignorante, paresseuse, gourmande, mais si vivante, si franche, si gamine ! On me défendait de la fréquenter parce qu'elle était mal élevée et disait des gros mots. C'était parbleu vrai ! mais avec quelle délicieuse petite bouche ! Une mûre tombée dans un bol de lait. Je ne vous ai pas dit encore qu'elle avait les yeux d'un bleu très brillant sur lesquels ses longs cils se refermaient comme le couvercle d'un écrin sur un bijou somptueux. Les formes gauches encore des fillettes, les maladroites poses de ce que l'on est convenu d'appeler l'*âge ingrat* ne paraissent ridicules qu'aux imbéciles ou aux castrats. L'homme qui aime vraiment la femme en reconstitue bien vite les noblesses à venir et devine les splendeurs futures dans ces promesses printanières. Mais je n'en étais pas encore là ! J'adorais Louison parce qu'elle avait un caractère avenant et une figure dont l'expression m'attirait.

Sa mère était une brave femme qui tous les jours apportait du lait à la maison. Son âne, un pauvre vieil âne pelé qu'elle écrasait de ses lourdes jambes et de ses boîtes en fer-blanc, aimait cette station. Car on lui gardait toujours des tiges de carottes, des queues d'asperges, des débris de salade et autres reliefs dont ces arcadiques animaux sont aussi friands que le leur permet leur misérable condition. Souvent Louison montait en croupe derrière sa maman et talonnait le misérable baudet de ses impitoyables sabots. Mais je ne le plaignais plus !

Nous fîmes ensemble notre première communion. Cela faillit bien manquer parce que Louison savait déplorablement son catéchisme. M. le curé lui reprochait gravement de ne rien comprendre aux mystères les plus simples. Le fait est qu'elle concevait bien imparfaitement celui de la Sainte-Trinité que je lui avais offert cependant maintes fois de lui expliquer quand nous serions tous les deux seuls. De plus, elle tombait, sans le savoir, à tout propos, dans l'erreur des manichéens touchant l'immaculée conception. Tout cela ne la rendait guère digne de s'approcher de la sainte table. Mais le saint homme craignit qu'en tardant davantage, on n'insinuât à la mère de Louison l'idée de lui faire sauter à pieds joints sur les sacrements pour entrer plus tôt dans la vie. Elle fut donc admise au saint repas. Elle était tout simplement ravissante sous le voile que ma mère lui avait donné et qui lui donnait, à elle, l'air d'un lis vivant. Sa petite mine toute recueillie lui allait à ravir. Certes, elles furent innocentes, les distractions qui me vinrent d'elle quand elle me frôla, au retour de l'autel, mains jointes, front baissé ! Rien d'impur sous cette impression toute virginale, mais quelque chose de si vif qu'il me suffit d'en parler pour revoir, comme l'image d'un missel, cette charmante figure et cette attitude délicieuse. Et puis, voyez-vous, on n'a rien trouvé de mieux encore, même au siècle des féeries, que ce décor calme et imposant des moind·es églises quand des fleurs de fumée, aériennes et légères, s'y balancent avec les parfums de l'encens, quand l'ostensoir rayonne sur les têtes inclinées des prêtres, quand les *Alleluia* joyeux ou les plaintifs *Miserere* redisent au Dieu absent les joies ou les douleurs de l'âme humaine. Maudisse qui voudra cette aimable source de poésie ! Je ne suis pas de ceux qui croient, pas même de ceux qui espèrent, mais je suis de ceux qui aiment à rêver plus haut que la vie !

Suis-je assez loin de Louison !

Au fait, sa mère la mit deux jours après en apprentissage je ne sais où, et je ne la revis plus. L'âne vint seul, de plus en plus pelé, apportant sur son échine un lait de plus en plus frelaté. Car les nobles progrès de la chimie se faisaient déjà sentir par mille bienfaits alimentaires. Une fois que j'allai moi-même à la vacherie, j'aperçus le voile de la petite communiante dont on avait fait un moustiquaire pour protéger les liquides récemment traits.

Sautons une vingtaine d'années, je vous prie... Hélas ! cela ne suffit pas pour me ramener au temps où nous sommes, mais à une dizaine d'années encore en arrière de l'âge que j'ai aujourd'hui. A trente ans, il est encore parfaitement permis à un galant homme de faire la noce. Je n'y ai pas manqué, croyez-le bien, et si vous n'en avez pas fait autant, vous auriez tort de vous en vanter.

— Veux-tu souper ce soir avec de belles filles ? me dit mon ami Léon.

— Si je le veux !

— Nous aurons un vrai dessus de panier : Adèle de Lancry...

— Connue ; un peu maigre, mais charmante.

— Blanche de Béthune.

— Connue aussi ; pas assez grasse, mais charmante tout de même.

— Henriette d'Étioles.

— Connais pas !

— Je m'étonne, car celle-là est dans tes goûts. Une superbe créature, sculpturalement taillée, bonne fille avec cela.

— Va pour Henriette d'Étioles.

Et le rendez-vous fut pris avec Léon, avec Louis, avec Jacques; est-ce que je sais, moi ? Dans le monde où l'on s'amuse, on connaît les gens jusqu'au jour où l'on apprend qu'ils ont triché au jeu ou se font entretenir par des douairières. Jusque-là, on se donne des poignées de main, on se tutoie, on se coudoie, on se sert de témoins les uns aux autres dans les affaires d'honneur. Ah ! la promiscuité entre hommes, ne m'en parlez jamais ! — d'hommes à femmes, tout ce que vous voudrez ! — je ne suis pas bégueule. Il y a des filles à l'École militaire qui me dégoûtent moins que beaucoup de préfets !

Mais, il y a dix ans, je laissais encore traîner mes doigts dans un tas de paumes, sans avoir regardé seulement avant si elles étaient propres.

Je vous dis que j'en suis fièrement revenu.

On m'avait mis à table auprès d'Henriette d'Étioles.

Une attention véritable de Léon.

Ah ! la splendide créature, avec ses belles chairs mates azurées par places, tant la peau en était fine et transparente ! Le regard était bien celui de la courtisane, caressant avec quelque cruauté au fond. Mais le sourire avait des gentillesses rassurantes et cette redoutable beauté s'humanisait dans je ne sais quoi de sympathique et de fraternel. Les personnes de cette sorte ont le don de m'intimider si fort que j'ose à peine les regarder en face. Je m'enhardis cependant et bientôt l'expression de ce magnifique visage évoqua en moi un souvenir bien précis. Ce nom d'Étioles aussi me troubla... Il y avait, à deux lieues de chez nous, un village qui le portait. Louison ! peut-être ! pensai-je. Je prononçai exprès le nom du maire de ce bourg.

— Vous le connaissez ? me dit-elle vivement

La reconnaissance ainsi commencée fut bientôt achevée.

Oh ! l'étrange causerie que nous eûmes ! toute pleine des riens d'autrefois, de nos jeux d'enfants, de la petite église, du petit bois où nous allions marauder, de tous ceux que nous avions connus alors, que sais-je encore ! Ce fut un chapelet de vieilleries que nous égrenâmes délicieusement ! Le pauvre âne lui-même ne fut pas oublié.

Et moi, pendant qu'elle parlait, comme grisée de toutes ces visions lointaines, je me réjouissais en moi que la distance eût soudain disparu et que les obstacles se fussent si inopinément aplanis entre la beauté de cette superbe créature et ma propre timidité.

Aussi, avec une résolution dont j'aurais été incapable en tout autre cas, bien que la société où je retrouvais Louison ne me laissât aucun doute sur la noble profession qu'elle avait embrassée, je lui demandai crûment à la reconduire tout à l'heure chez elle.

Elle me regarda avec stupéfaction ; non ! plutôt avec une sorte d'étonnement douloureux.

— Certainement, fit-elle machinalement.

On apportait le café et les cigares. Mlle Blanche de Béthune allait miauler, au piano, une chanson de Mlle Suzanne Lagier. On se dispersa, un instant, pour se retrouver, comme cela se pratique après les repas où l'on est resté trois heures à table, en face de pièces montées ridicules et de fleurs alanguies par le gaz.

Mlle Blanche de Béthune en était à son avant-dernier miaoû quand je voulus me rapprocher d'Henriette d'Étioles. Mais je ne la retrouvai ni dans le grand salon où nous avions soupé, ni dans le petit où Léon, Jacques, Philippe, etc..., fumaient d'affreux cigares belges.

A ce moment, Gontran entra comme la foudre. C'était sa manière.

— Qu'est-ce qu'on avait donc fait à Henriette ? dit-il.

— Pourquoi ça ? demanda Léon.

— Parce que je viens de la rencontrer à la porte, en bas, un mouchoir sur les yeux, et que je l'ai parfaitement entendue sangloter en demandant une voiture.

J'étais anéanti, mais je compris vite... vite et

trop tard. Je venais d'apprendre une bonne fois que, dans l'âme de la femme la plus profondément tombée, se retrouvent encore des délicatesses que l'éducation n'apprendra jamais à l'homme qui se croit le mieux élevé.

Je revis depuis, quelquefois aux premières représentations, Mlle d'Étioles. Jamais plus je n'osai l'aborder. Une fois, cependant, qu'elle était seule dans une loge, je lui envoyai un énorme bouquet de violettes de Parme, avec ce simple mot : Pardon !

La belle fille tout de même que c'était que cette Louison !

X

COLIN-MAILLARD

C'était une vraie fête pour moi quand ma cousine Guillemette venait passer, pendant les vacances, quinze jours à la maison. Je me demande aujourd'hui si j'en étais amoureux. Imbécile ! eh ! parbleu, oui ! plus amoureux peut-être que je ne l'ai été depuis d'aucune femme. Quoi de plus tendre, en effet, et de plus vraiment passionné que ce désir inconscient de l'adolescence que traduisent, seuls, des attentions et des respects ? Pas de désillusion dans ce genre de cour à la fois chaste et inquiète. Notez que quand je me trouvais seul auprès d'elle, j'étais si prodigieusement intimidé qu'elle se moquait de moi... Et pourtant, je jurerais bien qu'elle n'était pas plus savante. Je le jurerais par l'or encore pâle de ses cheveux et le bleu candide de ses regards. On nous laissait encore jouer comme des enfants.

Nous faisions d'ailleurs partie, avec quelques camarades des deux sexes dont les parents étaient nos voisins, d'une façon d'école mixte dont M. Pacot était le directeur. Oh! quelques heures seulement de leçon par jour! De quoi ne pas oublier, en deux mois, tout ce qu'on avait appris ou dû apprendre en dix. M. Pacot était particulièrement ridicule quand il avait dans son auditoire des petites filles. Il avait une façon de les appeler : « Mesdemoaselles ! » dont la prétention était infiniment comique. Elles, les gamines, riaient à rompre leurs mignonnes côtes, quand il bourrait son gros nez de tabac, avec des ronflements intérieurs de matou à qui on gratte la tête. Ces cours extraordinaires se tenaient chez lui, dans la maison vide dont les moineaux venaient audacieusement becqueter les vitres quand les petits polissons qui l'emplissaient d'ordinaire en étaient partis.

Or il advint, un jour, que M. Pacot dut quitter la leçon pour aller à un enterrement. Car il occupait une place d'honneur au lutrin et y mugissait, chaque dimanche, comme une vache solitaire dans un pré. Immédiatement, Guillemette, qui avait le génie des récréations, imagina une partie de colin-maillard dans le jardin de l'école. Elle adorait ce jeu et son plus grand plaisir était de me faire mille méchantes niches quand c'était moi qui errais, le bandeau fatal sur les yeux. Ah! Guillemette, ma mie! Je ne vous vois plus aujourd'hui jouant au colin-maillard avec vos cinq enfants. Vous étiez alors vive comme une alouette et légère comme un volant, madame la rebondie! Je n'en suis pas moins prêt à redevenir amoureux de vous... au contraire! Vos yeux sont devenus presque bruns et j'ai cru voir, un soir, un fil d'argent mis par quelque jalouse et matinale araignée dans la trame fauve de votre chevelure. Mais que de compensations! Il est vrai que votre mari n'en est pas une. L'idée que cet animal... Fi! ma cousine Guillemette!

Donc quand *je l'étais*, comme disent les écoliers, — (*je l'ai été* depuis, et raide, mais pas de la même façon), — Guillemette inventait à mon usage mille malices particulières. Il y avait d'abord les mille variations sur le jeu étonnant qui est baptisé ainsi par Rabelais : « *Guillemin, baylle-my ma lance.* » Vous le trouverez parmi les divertissements favoris de Gargantua. Il consiste à tendre à quelqu'un, dont la vue est obstruée par un mouchoir, un bâton dont le bout est nanti d'une matière déplaisante. Du temps de Pantagruel, on imaginait que ce fût à un chevalier qui avait demandé à son écuyer une des pièces essentielles de son armure.

Mais il y avait une farce que Guillemette préférait à toutes les autres. Elle consistait à faire tout d'un coup silence autour de moi. Les autres joueurs s'en allaient furtivement, à pas de loup, sans bruit, un à un, m'abandonnant à ma cécité pour s'aller cacher dans quelque autre coin du jardin. On n'imagine pas le chemin que peut faire un homme, sans s'en douter, dans de pareilles conditions d'abandon. Incapable de prendre aucune direction définie, forcé d'obliquer sa route à chaque obstacle, accumulant les pas sans tendre vers aucun but, redoutant les murs et les précipices, inquiet de cette nuit qui, plus avare encore que l'autre, ne laisse même aucun son lui servir de guide, il erre à l'aventure, Œdipe sans Antigone, aveugle sans caniche.

Cette plaisanterie m'était, au fond, extrêmement désagréable. Mais Guillemette me faisait déjà faire tout ce qu'elle voulait. Je n'ai pas le nez long, mais il faut croire qu'il offre beaucoup de prise; car les femmes en ont terriblement abusé pour me mener à leur fantaisie. Je subissais donc patiemment cette torture. Je m'étais même donné la peine d'édifier mentalement une théorie pour l'abréger sans manquer aux lois fondamentales du noble jeu qui m'interdisait de glisser des regards furtifs sous le foulard.

Moi aussi, je me mettais à marcher sur la pointe des pieds, doucement, insidieusement, de façon qu'on ne m'entendît pas venir, et j'allais droit devant moi, inflexiblement, comme une flèche. Il arrivait souvent que je me heurtais ainsi un peu rudement à quelque arbre insipide ou à quelque pan de muraille. Mais il était aussi advenu quelquefois que, tombant à l'improviste sur le groupe de mes mystificateurs qui m'avaient oublié pour se livrer à quelque autre amusette, j'en empoignais plusieurs d'une seule et rapide brassée à travers le vent.

Alors Guillemette se mettait de mon côté. O généreuse Guillemette !

Il fut fait ce jour-là ce que je viens de vous dire.

Depuis une demi-heure, au moins, livré à une solitude factice, n'entendant plus aucun bruit, je cherchais moi-même à surprendre, ayant suivi, tout en retenant mon haleine et me faisant petit, un chemin qu'il m'eût été bien malaisé de retrouver ensuite, traversant des taillis qui m'avaient fouetté au visage, jeté plusieurs fois à terre par de grosses pierres ou par des descentes inattendues de terrain. Je ne savais vraiment plus du tout où j'étais, — car le jardin de maître Pacot était infiniment plus grand que son esprit, — quand un petit bruit étouffé de surprise et de peur me fit étendre résolument les deux bras et fermer les mains. D'un côté un bout de jupe ! de l'autre un pan de drap... J'avais fait double capture.

— Pris ! m'écriai-je en tenant ferme.

Alors je reçus un grand soufflet, côté du drap. Indigné de ce procédé inouï dans les fastes de nos colins-maillards, je ne m'en obstinai que plus dans ma victorieuse appréhension. Alors je fus gratifié d'un pinçon énorme par le côté jupe. La rage me prit et je tirai si fort que, du côté jupe et du côté drap, un lambeau d'étoffe me resta aux doigts, mais pas avant que j'eusse encaissé deux jolis coups de pied au derrière. Je roulai sur le gazon. Le temps de me relever et de jeter à terre mon bandeau, plus rien... qu'un bruit vague dans les feuillées basses du petit bois. Car je me trouvais au coin le plus mystérieux de la propriété, dans une façon de bosquet presque fermé où il faisait d'ailleurs délicieux au printemps. Avant de m'en aller, furieux d'ailleurs, je ramassai un bout de ruban tombé à terre, un bout de ruban rose d'un ton abominable.

M. Pacot me fit mauvaise mine quand il rentra de l'église, suant encore les orémus.

En sortant de l'école, je pus parler à Guillemette, que j'accablai de reproches.

Alors elle se mit à rire d'une si indécente façon que j'en fus encore plus outré.

— A qui le bout de ruban ? lui fis-je menaçant, en lui montrant mon trophée.

— A Mme Pacot, me répondit-elle le plus simplement du monde.

Alors seulement l'idée me vint de regarder le bout de jupe qui m'était resté dans la main.

O ciel ! la jupe de Mme Pacot, une jupe d'un bleu cru à gêner le ciel de Monaco lui-même.

Quant au lambeau de drap, je l'avais jeté avec colère, mais, le soir, je pus m'apercevoir qu'il manquait à la jaquette de mon cousin Adhémar.

En voilà un aussi qui me fit mauvaise mine !

Après tout, pourquoi jouait-il à colin-maillard avec Mme Pacot !

Le plus triste, c'est que le lendemain je fus mis à la porte des cours mixtes de maître Pacot comme indiscipliné. Adhémar fut chargé de me faire travailler seul, en me tenant sévèrement. Si encore il m'avait appris tout ce qu'il savait !

XI

LE PAPILLON

L'automne avait jeté son manteau de rouille frangé d'or clair sur les grands bois d'Étioles qui fermaient l'horizon par derrière la Seine. Les eaux du fleuve déjà accrues passaient avec un bruit plus mélancolique entre les roseaux pliés par le vent. La grande symphonie des adieux au Soleil était exécutée par toutes les choses de la Nature et, tandis que les appels des oiseaux voyageurs passaient dans l'air comme des soupirs de flûte, les bouleaux, pareils à des chapeaux chinois (il y en avait encore dans toutes les musiques en ce temps-là), secouaient en cadence leurs maigres petites feuilles d'argent. La belle chanson des vendanges s'était tue sur les coteaux voisins, mais le bruit lourd des chariots sur la terre amollie faisait une basse sourde à cette monotone composition du Temps. Cette époque de l'année où, comme l'a dit excellemment le bon poète Laurent Tailhade,

> Les couchants sont rayés d'émeraude et de cuivre,

avait déjà le don de me remplir d'une indicible tristesse. Entre elle et le beau pétillement du feu clair, la blancheur immaculée des neiges, toutes les splendeurs et toutes les joies de l'hiver en chemin, un voile se dressait, un brouillard où se perdait ma pensée dans un sentiment inexprimable de destruction et de deuil.

Guillemette, au contraire, était d'une gaieté folle ! L'automne n'était-elle pas, pour elle, l'occasion d'un changement complet de toilette ? Elle allait quitter sa jolie robe blanche à pois roses qui lui allait pourtant si bien et son grand chapeau de paille sur lequel trois cerises artificielles jouaient constamment au billard ! Et quelles cerises ! C'est tout au plus si elles auraient fait illusion à un moineau du jardin de l'hospice des Quinze-Vingts ! La curieuse avait déjà vu les mains de l'ouvrière en train de piquer une mince bande de fourrure autour d'un caraco de drap chaud et déjà sortir du carton vert, avec une forte haleine de camphre, le manchon où devaient se cacher ses doigts mignons pendant les gelées à venir. Il n'en fallait pas plus pour qu'elle sautât de joie pendant que tout était désolation autour d'elle. Car nos bêtes favorites, le chien Fido et le chat Bergami, se poursuivaient déjà moins joyeusement dans les plates-bandes, sentant fort bien que la pluie et les rafales allaient les en chasser bientôt pour longtemps, et, quant à nos chardonnerets, leurs becs pointus se renfrognaient visiblement dans l'ébouriffement de pourpre des plumes de leurs têtes.

J'étais parti seul, pour faire une promenade dans la belle avenue de tilleuls qui fermait le jardin, tout à la musique fuyante des feuilles mortes à mes pieds, et je regardais le sol avec cette fixité indifférente que donne quelquefois la rêverie quand, dans une bande de lumière jaune que le soleil encore tiède et déjà pâle dessinait entre deux ombres d'arbres, j'aperçus sur le sable un objet qui battait l'air comme un double éventail. Je m'approchai et j'aperçus un superbe papillon de l'espèce des paons de jour qui semblait haleter dans cette lumière. Tandis que ses pattes, déjà engourdies et inutilement velues, glissaient péniblement sur les petits cailloux sans pouvoir s'y accrocher, ses magnifiques ailes palpitaient, douloureuses, sans pouvoir se prendre à un souffle qui les enlevât. Ses antennes se croisaient, traçant les x d'un problème insoluble. La poussière de carmin, d'or et d'azur dont il était vêtu semblait prête à se disperser dans le vent, et sa tête de velours noir se secouait vainement comme pour invoquer de mystérieuses puissances. Comment l'image de la Mort m'apparut-elle, pour la première fois, dans cet insecte que le froid allait tuer? Je ne saurais le dire; mais le terrible poème de la destruction fatale se dessina devant moi, avec une intensité extraordinaire, dans ce spectacle. Ce bel exilé de l'azur et du calice odorant des fleurs se débattant, sur la terre nue, dans les angoisses suprêmes, me fit une pitié immense ; toutes les affres de l'agonie m'avaient été révélées, et, je ne sais quelle terreur dont je n'étais pas maître m'éloignant de cette détresse que rien ne pouvait soulager, je revins en courant à la maison.

J'y trouvai Guillemette en train d'essayer sa robe d'hiver, une petite robe d'un bleu bien sombre qui, sous la bande blanche de son col, lui donnait un peu l'aspect d'une hirondelle. Avec une légère échancrure sous le bras droit, la robe irait à ravir et Guillemette pourrait fort bien la mettre le lendemain si le temps se rafraîchissait encore.

Aussi elle était d'une joie folle et ses charmants bras nus, fouettés d'un frisson rose, avaient des envolées triomphales. Pourvu qu'il gelât le lendemain !

— Eh bien ! tu ne me trouves donc pas belle ? me dit-elle avec une coquetterie adorable, en me voyant soucieux devant le joli tableau de ses cheveux d'or dénoués et de sa bouche souriante.

Moi, j'étais tout au souvenir du papillon en train de battre le sable de ses ailes mourantes dans un dernier rayon de soleil.

— Mais, qu'as-tu enfin ? reprit-elle quand, l'essayage du vêtement achevé, elle revint vers moi, ayant suivi d'un indicible coup d'œil la robe d'un bleu sombre qui lui irait si bien.

Je ne suis pas dissimulé par tempérament. Je

lui contai tout net et avec une extraordinaire chaleur ce que j'avais vu et ce qui venait de me toucher si fort. Il paraît que je fus éloquent dans ma description ; car, après avoir commencé par sourire, Guillemette s'attendrit visiblement sur le sort de l'insecte moribond. Je lui fis partager mon horreur pour cette fin déplorable d'un des êtres les plus beaux qui aient fêté le printemps. Elle ne put même retenir ses larmes quand je lui eus communiqué minutieusement toutes les souffrances qu'un retour bien naturel vers ses splendeurs passées devait causer au papillon dans ce pénible instant. Lui, le familier de l'air, le camarade du zéphyr, l'ami des roses, la fleur vivante et qui vole ! Le voilà frémissant comme le ver sur la terre froide, humilié, vaincu, mourant deux fois, de froid et de honte. Guillemette, à bout d'émotion, m'interrompit :

— Est-ce que tu crois qu'il vit encore ? me dit-elle d'une voix pleine de sanglots.

Et elle s'enfuit avant que j'aie pu lui répondre.

— Que pourras-tu faire, douce et innocente créature, pour ce pauvre animal que frappe un inexorable destin. Crois-tu donc, pauvre petite Guillemette, que l'inexorable Mort va s'attarder devant tes lèvres roses, tes yeux en pleurs et tes beaux cheveux blonds au vent? Tu ne sais pas les lois farouches de la Nature, ma mignonne, et que la Parque inflexible tient ses ciseaux toujours ouverts, sans que la grâce et la jeunesse et tout ce qui fait ton charme infini l'aient désarmée jamais. C'est égal, ton mouvement est d'une âme infiniment miséricordieuse. Oh! que les femmes sont meilleures que nous! Penser à soulager une souffrance qui ne comporte pas de soulagement! Tenter l'impossible dans la charité! n'est-ce pas sublime! Ainsi je pensais.

— Le voilà! dit Guillemette.

Et, ayant repris toute sa gaieté folle, elle brandissait le papillon secoué par les dernières angoisses, et palpitant fébrilement, au bout d'une épingle à cheveux dont elle l'avait proprement empalé.

— Pauvre petite bête? nous la mettrons bien au chaud! continua-t-elle d'une voix caressante.

C'est ainsi que, le même jour, il y a vingt-cinq ans de cela aujourd'hui, j'appris d'un même coup la cruauté imbécile de la Femme et le secret épouvantable de la Mort.

XII

MONSIEUR LE MINISTRE

C'était peu de temps après que Napoléon III eut étranglé la seconde et la plus naïve de nos Républiques. Cela avait fait quelque bruit en province, bien que le gouvernement eût pris le soin d'envoyer aux eaux tous ceux qui eussent le plus volontiers donné de la voix. M. le sous-préfet vint trouver mon père. Ce jeune sous-préfet, récemment élaboré par le nouvel empire, était extrêmement zélé et encore plus myope, bon vivant d'ailleurs, très ami de la gaieté et de la déportation, pourvu d'une jolie femme qui le trompait avec le capitaine de gendarmerie, loquace, familier, sans préjugés, facile à vivre, au demeurant, une assez bonne bête de sous-préfet, féroce à l'occasion seulement.

— J'ai reçu indirectement avis, lui dit-il, que M. le ministre traverserait notre gare au train de deux heures vingt et il m'a semblé qu'une manifestation improvisée en son honneur ne pourrait faire que grand bien au pays. Tous les fonctionnaires et notables qui voudraient bien se joindre à moi pour le venir saluer au passage me feraient donc la plus agréable chose du monde.

Mon père avait pour la politique à peu près autant de goût que moi, et la même estime modérée pour ceux qui en vivent. Il répondit, avec beaucoup de déférence d'ailleurs — car il avait le mépris respectueux et bien élevé — à M. le sous-préfet que, sa convocation n'ayant rien d'officiel, il préférait, pour sa part, respecter l'incognito dont M. le ministre avait peut-être l'intention de s'entourer, et lui témoigner son zèle par sa discrétion. Il entoura fort habilement ce refus de considérations philosophiques sur l'ennui des grandeurs, et le plaisir qu'on faisait certainement aux puissants en leur laissant oublier quelquefois le fardeau de leur gloire.

M. le sous-préfet n'abonda pas dans ce raisonnement et partit assez mécontent, tandis que mon père lui riait aux talons.

Moi, j'avais tout entendu, en train que j'étais de fabriquer un thème grec dans une pièce voisine, et telle était mon attention à ce travail que j'avais immédiatement conçu le plan de m'échapper à tout prix, pour me trouver à deux heures vingt à la gare et voir de mes yeux le grand personnage dont la venue m'avait été annoncée.

Il fallait trouver un mensonge pour cela. J'ai honte de dire que je ne cherchai pas longtemps. Ce fut le premier et le plus impertinent venu. Comme ce sont toujours les plus gros qui passent le mieux — vous verrez bien, par cette histoire, qu'il n'en est pas ainsi de toutes choses, — le mien fut immédiatement cru. Je fus presque humilié, dans mon for intérieur, de n'avoir pas eu plus de peine. Guillemette, elle, savait trouver de si beaux mensonges ! si compliqués ! si ingénieux ! Là est la véritable supériorité de la femme. J'ai cherché souvent le motif de sa rancune contre la vérité. Simple jalousie à l'endroit d'une personne si vertueuse qu'elle aimait mieux s'habiller « d'un puits » que de sortir toute nue. J'accouchai donc de la première bourde venue et, dès une heure, j'étais dans les rues, impatient, fébrile, et attendant le moment avec une anxiété vraiment bien ridicule. Je m'en veux encore aujourd'hui de cet accès de bêtise. Je me suis, du reste, joliment rattrapé depuis. Je professe pour les ministres une indifférence ! Pour voir passer tout un cabinet, je ne quitterais pas le mien ! Mais on change.

Je pus me convaincre, tout de suite, de tout ce qu'avait de spontané la manifestation ébauchée par M. le sous-préfet. Les tambours des pompiers faisaient rage à travers la petite ville. M. le commissaire de police, en écharpe, se multipliait dans les carrefours. Les gants blancs du receveur de l'enregistrement faisaient émeute. Sur la place de la gare, les deux sergents de ville de la cité accrochaient eux-mêmes des drapeaux aux fenêtres des habitants. Jamais l'amour d'un peuple pour un régime (aimer un régime ! ô mes enfants ! faut-il avoir un cœur !) ne s'était trahi par mille attentions plus soudaines, plus délicates et plus discrètes ! Dans les écoles, les enfants piaillaient une cantate ; dans les fabriques, des farauds en blouse neuve réchauffaient l'enthousiasme des travailleurs. O mystère des affections politiques ! chaste mystère des tendresses dynastiques ! que vous êtes bien faits pour charmer les âmes éprises d'idéal et de silence !

Moi... moi aussi, petite canaille que j'étais, j'avais mis une rose à ma casquette, pour me faire peut-être distinguer par monsieur le ministre.

Les portes de la gare avaient été grandes ouvertes pour que l'empressement du populaire n'échappât pas à celui qui en était l'objet. Seulement messieurs les gendarmes, en bottes jusqu'au bas ventre, maintenaient sur une ligne les manifestants, simples citoyens, tandis que messieurs les fonctionnaires circulaient librement le long du grand trottoir qu'allait frôler le roulement majestueux du train si pompeusement attendu. M. le sous-préfet était tout brodé d'argent et tenait un rouleau inquiétant à la main. Un discours, à n'en pas douter. M. le maire, sanglé de soie tricolore, tenait un autre rouleau inquiétant aussi. M. le curé, en soutane noire, avait aussi son petit cylindre de papier aux doigts. La musique des pompiers se tenait en avant, presque au dehors de la partie abritée du bâtiment, préludant par quelques couacs cuivrés à une explosion prochaine. Le capitaine de gendarmerie, — un beau gars, — avait aux lèvres une branche de lilas que venait de lui remettre Mme la sous-préfette et qu'il faisait de temps en temps respirer à sa femme.

Un coup de corne retentit (ce ne fut pas celui-ci qui le poussa) signalant l'approche du train, un : *Garde à vosss!* formidable groupa, suivant de belles lignes géométriques, la milice citoyenne et hydraulique. Un blanc panache de fumée se dessina à travers les arbres aux feuillages printaniers et transparents. Puis la locomotive apparut, majestueuse et roulant ses deux gros yeux rouges comme un monstre en colère ; enfin, suivant la courbe sinueuse des rails, un serpent de wagons glissa dans la perspective, avec de lentes et imperceptibles ondulations.

L'air de la Reine Hortense, — cette *Marseillaise* du pauvre, — monta dans l'air troublé que les hirondelles affolées traversaient d'accents circonflexes.

J'étais ému comme un imbécile.

Bientôt, vers un wagon de première classe d'où dépassait, à une portière, une masse rose qui me fit l'effet d'un visage souriant, tous les employés du chemin de fer s'élancèrent avec des clameurs incohérentes, mais qui me parurent exprimer parfaitement un enthousiasme improvisé. Derrière eux, coururent M. le sous-préfet, M. le maire et M. le curé, avec leurs trois rouleaux, et criant, ceux-là, très distinctement : « Vive monsieur le ministre ! » Arrivé le premier au wagon d'honneur et très myope, comme je vous l'ai dit, M. le sous-préfet s'élança vers le visage souriant. Mais les employés, à ma grande surprise, l'empêchèrent de l'embrasser, comme il semblait en avoir le projet, en le tirant vivement en arrière. Pendant ce temps-là, M. le maire, qui ne perdait jamais la carte, avait déplié son rouleau et commençait : « Excellence, représentant d'un prince auguste... » Un bruit effroyable, suivi d'un éclat de rire homérique, sortit de cette foule. J'avais pu me glisser sous la barrière que gardaient MM. les gendarmes et, sautant moi-même jusqu'à la voiture privilégiée, je me trouvai devant un bien singulier spectacle... La figure qui était devant moi n'était pas un visage et des cris d'angoisse s'échappaient du compartiment d'où elle émergeait par la croisée, encadrée dans le quadrilatère de bois et débordant, en feston, tout autour. C'était... Mon Dieu ! je ne prendrai pas de mitaines pour vous le dire... C'était le plus gros derrière que j'eusse vu de ma vie ! J'en ris encore, maintenant, aux époques de pleine lune.

Au milieu de cet indescriptible brouhaha que dominait toujours l'air de la Reine Hortense ; — car, tout à leur charivari, les musiciens de la compagnie de pompiers n'avaient rien compris ni même perçu, — le concierge de la sous-préfecture remit, tout haletant, une dépêche à son patron.

— Messieurs, dit celui-ci, d'une voix très émue, je reçois avis que Son Excellence ne passera ici que par le train de cinq heures trente.

L'hilarité redoubla.

Cependant quatre hommes vigoureux étaient parvenus à refouler dans l'alignement et à faire rentrer dans la décence et le compartiment l'immense postérieur qui avait joué si insolemment au premier ministre.

M. le sous-préfet, qui crut à une mystification, voulait faire déporter tous les voyageurs du train.

Je sus le lendemain que c'était tout simplement celui d'une pauvre dame qui, s'étant trouvée incommodée en wagon, avait eu l'idée mélancolique de se faire hisser, par ses compagnons de route, à la fenêtre pour s'en servir comme d'une lunette, après s'être assise sur le rebord. Comment s'y était-elle engagée ?... par quel effort avait-elle dépassé les conditions d'une honnête assiette ? Toujours est-il qu'elle n'avait jamais pu, même aidée par ses complices, se dégager de cette prison et que, le train étant express, elle avait déjà traversé quatre stations saluée au passage et les fesses acclamées par tous les partisans du coup d'État.

XIII

SUR LA ROUTE DE PARIS

J'avais tout près de seize ans, en ce temps-là, et j'avais déjà lu beaucoup de *mauvais livres,* comme disent les parents, en parlant des romans d'amour. Je spécifie ; car moi aussi, je trouve aujourd'hui qu'il y a de *mauvais livres,* ceux qui sont écrits, par exemple, en phrases de deux pages, avec des incidences jouant aux ablatifs absolus, et remplis de barbarismes que leurs auteurs qualifient modestement de mots nouveaux. Les vers insuffisamment rimés et sans musique composent aussi de fort *mauvais livres.* Mais ceux que la sévérité paternelle reprochait à ma curiosité adolescente étaient loin d'être aussi coupables. Ce chef-d'œuvre de lyrisme, qui s'appelle *Lelia* m'a valu un coup de pied au derrière. Aussi je me suis retourné depuis pour rompre des lances en l'honneur de George Sand. Pour *Candide,* j'avais reçu une simple calotte. Eh bien ! ce n'était pas cher, et quand le mauvais goût de certains romanciers contemporains m'a imposé un des pensums dont je parlais plus haut, je tendrais bien volontiers l'autre joue (celle de la calotte, pas celle du coup de pied au derrière), pour avoir le droit de ragaillardir mon cœur défaillant avec quelque page de Voltaire, comme on boit un verre de vin vieux après un dîner fâcheux pour l'oublier, comme on brûle du sucre, dans une pièce infectée, pour changer l'air. Que voulez-vous, j'aime avec passion la langue de mes aïeux, cette langue simple, claire et sonore, qu'une façon de prolixité germanique tente d'embrouillarder aujourd'hui et d'appesantir de vapeurs d'outre-Rhin ! Comme si le génie de nos grands écrivains n'était pas une part du patrimoine national ! Comme si la pureté de notre idiome n'était pas, aussi bien que l'Alsace et la Lorraine, un morceau de notre patrie, celui-là où sont les tombes de nos gloires littéraires ! Mais me voilà loin des innocents ouvrages dont la lecture scandalisait si fort mes parents. Car mon goût immodéré pour eux décida ma prudente famille à me mettre en pension à Paris.

Le départ ne se fit pas sans larmes. C'était la

première fois que je voyageais seul, à une époque où les moindres voyages avaient encore quelque chose de solennel. Mais on m'avait recommandé au chef de gare, qui m'avait installé dans un compartiment où il m'avait assuré que vraisemblablement je serais seul jusqu'à Paris.

Le sifflet retentissait, en effet, et le lourd wagon s'ébranlait en glissant sur les rails sans qu'on eût troublé ma solitude mélancolique, quand un homme effaré, d'aspect étrange, extraordinairement agité, entra comme la foudre, s'assit dans un coin ou plutôt s'y blottit, après avoir refermé rapidement la portière. J'avoue que l'arrivée de ce nouveau compagnon d'allures si bizarres fut loin de me rassurer. Bien que Jud n'eût pas illustré la perspicacité de la police française, on avait déjà assassiné en chemin de fer, et je pensais avec effroi que la belle chaîne de montre en or que ma mère venait de me donner devait faire, sur mon gilet, un effet bien tentant. — « Maudites soient les richesses ! pensai-je en moi-même. Elles attirent sur l'homme mille maux et vont jusqu'à compromettre sa vie ! » Ce n'est pas que mon voisin eût l'air de faire grande attention à moi, mais sa réserve même m'était suspecte ; j'y voyais de l'affectation. Une casquette rabattue sur les yeux, il s'était renfrogné dans son angle, avec une attitude maussade. Un moment je le vis fouiller dans sa poche ; il allait en tirer un couteau, certainement. Je me crus perdu et me réfugiai instinctivement à l'autre extrémité de la voiture en recommandant mon âme à Dieu. Mais ce fut tout simplement un large mouchoir à carreaux rouges que mon ennemi sortit de son paletot. Avait-il l'intention de m'étrangler ? En le voyant se moucher (Dieu sait avec quel vacarme !) dans ce madras, je me dis qu'il y aurait une cruauté bien raffinée à étrangler son prochain avec du linge malpropre. J'en fus quitte encore une fois pour la peur, car il remit l'objet là où il l'avait pris.

Cependant nous approchions d'une station, le train ralentissait déjà sa marche, et je ne sais quel sentiment de délivrance prochaine ramenait un peu de tranquillité dans mes esprits. En effet, le wagon roulait encore quand l'inconnu, sans attendre son arrêt, rouvrit brusquement la portière, sauta sur la voie fuyante et disparut.

J'étais sauvé ! Il ne m'avait pas trouvé assez riche !

Je me demandai si mon devoir n'était pas de descendre pour prévenir les autorités locales. Car, enfin, cet assassin pouvait remonter dans un autre compartiment, y trouver seul un homme, mon frère, ayant encore une plus belle chaîne que moi, et faire son coup ! En restant coi, j'étais tout simplement le complice de ce misérable !... Oui, mais ! que d'ennuis ! Ma foi, tant pis ! que chacun prenne, comme moi, une attitude héroïque, et ce malfaiteur n'osera attaquer personne. Après tout, je ne suis pas chargé de veiller sur la société, moi ! je ne suis ni empereur, ni gendarme. Je fus rapidement puni de ce raisonnement égoïste ; car, à peine le train s'était-il remis en marche que mon homme, avec une pantomime toute pareille, ressauta dans le wagon et reprit son angle maudit, ayant rabattu davantage encore sa casquette sur son visage.

C'était clair ; il avait inspecté tous les compartiments et n'y avait trouvé que des gens ayant des cordons en chrysocale à leurs montres ! Il me revenait. Ce fut bien pis quand je le vis extraire de la poche immense d'un long gilet un instrument dont je ne vis que le bout, un bout d'acier rond, lisse et percé d'un trou noir au centre. Comment ne pas reconnaître le canon d'un pistolet? Je fus au moment de crier, de lui demander grâce, de lui offrir ma chaîne et ma valise. Mais, après avoir regardé avec un méchant sourire l'engin meurtrier, il le replaça dans son vêtement. Il craignait qu'une arme à feu ne fît trop de bruit ; c'était clair !

Br... br... br... br... ! Les roues enrayées glissaient en cahotant ; nous atteignions la seconde station. Comme la première fois, mon homme sauta sur la chaussée, le train marchant encore rapidement, avec un empressement qui ne laissait aucun doute sur son intention de se cacher.

Cette fois-là, j'espérais bien en être délivré !

Mais bath ! au départ du train, il recommença son manège, sautant comme un fou dans le wagon déjà en marche et se claquemurant dans son coin avec un air de plus en plus rébarbatif. Je commençais cependant à être convaincu que ce n'était pas à moi qu'il en voulait, et tous les romans que j'avais absorbés, au grand scandale 'e mes ascendants, me revenant dans la mémoire, je me dis que c'était certainement, non pas à un meurtrier ordinaire, mais à un mari jaloux que j'avais affaire. Ce monsieur était certainement un méchant cocu, un mari comme celui d'Indiana, qui, ayant surpris le départ de sa femme, par ce train-là, avec quelque amant beau et vertueux, voulait se mettre en travers de leur bonheur, empoisonner leur félicité innocente, les surprendre, qui sait? les tuer peut-être? Ah! c'est que je ne les aimais pas, alors, ces empêcheurs de danser en rond du mariage ! Aujourd'hui, j'ai bien changé d'avis à leur sujet. Ce n'est plus eux que je trouve odieux et ridicules... J'étais certainement tombé juste ! Mais alors, les deux futures victimes de ce misérable étaient vraisemblablement dans un compartiment voisin. Elles échangeaient des baisers, comme les colombes, pendant que ce serpent méditait la ruine de leur amour. Ah ! j'avais pu hésiter à sauver les jours d'un notaire ou d'un receveur de l'enregistrement du fer d'un assassin. Ça ne manque pas, les notaires et les receveurs de l'enregistrement ! Mais deux amants en fuite ! Les laisser massacrer par une bête furieuse ! Non ! non ! Je connaissais mes devoirs de gentilhomme ! A la station suivante, quand l'inconnu eut, comme les autres fois, sauté tel qu'un enragé, sur la voie, je sortis aussi du wagon et je longeai les voitures en suivant leur marchepied jusqu'à ce que j'eusse rencontré un compartiment où un jeune homme et une jeune femme, seuls, me semblèrent causer plus qu'amicalement.

— Madame ! criai-je en faisant un cornet de mes mains à la portière, votre mari est dans le train !

— Petit imbécile ! me répondit le jeune homme, c'est moi !

Je m'étais trompé. J'étais tombé sur une indécence légitime.

Mais je ne me tins pas pour battu, et je continuai mon inspection. Deux voitures plus loin, je retrouvai un autre jeune homme, causant encore plus amicalement. Je recommençai ma petite annonce :

— Madame, votre mari est dans le train !

Cette fois-là, j'étais dans le vrai. Car tous deux, sautant sur leurs valises, disparurent par l'autre portière, en courant comme des rats empoisonnés.

Ils étaient sauvés! O amour, étais-tu content de moi? Si oui, tu ne me l'as pas toujours témoigné depuis, petit ange aux ailes de dindon!

— Va, saute, mon bonhomme! gambille à ton aise! Les oiseaux sont envolés! Tu peux te casser les reins avec ta sacrée gymnastique! Tu ne les rattraperas pas! Et ça sera bien fait! Ah! ah! nous ne voulons pas être cocu, monsieur le dégoûté!

Et je riais, comme un petit bossu du bon Dieu, en voyant mon imbécile continuer ses acrobaties furieuses. Un peu avant d'arriver à Paris, le surveillant du train entra dans le compartiment.

— Toutes marchaient bien? lui demanda-t-il.

— Oui, toutes, sauf celle de Ris-Orangis qui retardait de vingt minutes. Mais je l'ai remise à l'heure.

Et l'homme mystérieux montrait un instrument

d'acier, — celui-là même qui m'avait fait l'effet d'un pistolet de poche !

Je le regardai de plus près. C'était une grosse clef à remonter les horloges !

La lumière se fit dans mon cerveau. L'assassin, le voleur de chaînes, le mari outragé, c'était tout bêtement l'horloger de la Compagnie qui, n'ayant que quelques secondes à chaque station pour régler les mouvements et toucher aux aiguilles, se hâtait prodigieusement de descendre et de remonter.

Et les deux pauvres jeunes gens dont j'avais troublé si inutilement le tête-à-tête !

Ah ! décidément mes parents avaient bien raison de me défendre de lire des romans !

XIV

LA PIPE DE MADAME THOMAS

Je me la rappelle comme si c'était d'hier, madame Thomas ; et, pourtant, il y a bien quelque vingt-cinq ans que, adolescent timide, j'adorais, de loin, ses charmes opulents, la beauté de sa noire chevelure, son type néo-grec, ses yeux rêveurs, sa gorge majestueuse et le grand air de gravité répandu sur toute sa personne. Il y avait bien quelque chose d'un peu austère dans cette splendeur, mais j'ai toujours tenu pour la Vénus Victrix, celle qui foule la terre et les cœurs d'un pied de déesse. Quant à ces petits trognons de femmes dont on déclare « qu'elles ont beaucoup de physionomie, » je les ai toujours abandonnées avec joie à mes contemporains.

Mais je reviens à Mme Thomas, notre voisine de campagne. On n'a complètement décrit une femme qu'après avoir portraituré son mari.

Thomas, lui, n'avait rien de solennel et me semblait parfaitement indigne de cette noble créature. Gros, petit, bruyant, aimant la politique, prétentieux avec cela, bourgeois comme une page de M. Thiers, démesurément fier d'un avoir gagné dans la haute bonneterie, c'était un sot et un sot pétulant, la variété la plus terrible des sots. Car pour les imbéciles silencieux, je les aime et les respecte. Que m'importe une bêtise qui ne se manifeste pas ? C'est affaire entre ceux qui la possèdent et Dieu, à qui ils auraient le droit de faire un procès. Mais celle de M. Thomas était manifestante autant que manifeste. En vertu de la loi des contrastes, ces deux êtres disparates faisaient un charmant ménage, uni comme une glace et tendre comme un filet patiemment mariné. Les femmes les plus intelligentes jugent si mal les hommes que Mme Thomas paraissait même éprouver une certaine admiration pour le pourceau que les lois divines et humaines avaient associé à sa vie.

Ce fut donc un étonnement pour tout le monde d'apprendre qu'une querelle terrible avait éclaté dans ce nid de tourtereaux, non pas une de ces petites querelles d'amoureux qu'un baiser mis à point étouffe dans l'œuf et sur les lèvres, mais une grosse querelle, comme qui dirait une brouille sans rémission. On parlait de gifles administrées, au mépris de toute galanterie, à l'épouse par l'époux. La femme calottée avait fui le domicile conjugal et un procès effroyable était à l'horizon. On avait fait jaser les bonnes qui aiment toujours cancaner et on avait appris le point de départ vraiment invraisemblable de la dispute. S'étant trouvé incommodé, dans la journée, d'un excès de melon pris à déjeuner, M. Thomas avait voulu s'étendre sur le lit commun et y avait trouvé... je vous le demande en cent?... une pipe! Or, M. Thomas ne fumait pas. Il avait même horreur du tabac! Cette pipe n'était pas venue là toute seule. Il n'y avait que des domestiques femelles dans la maison ! Mise en présence de cette pièce à conviction, Mme Thomas avait rougi jusqu'aux oreilles. Mais fidèle à la dignité de son caractère, elle avait refusé de répondre aux outrageantes hypothèses de son mari furieux et s'était renfermée dans un silence que celui-ci avait pris pour un aveu. Un de ces petits trognons de femmes dont je parlais plus haut aurait trouvé quelque joli mensonge, imaginé un mal de dents soulagé par la fumée, fait des mines éplorées, des grimaces attendrissantes. Mme Thomas ne fit rien de tout cela. Quand son mari exaspéré lui eut octroyé une demi-douzaine de soufflets, elle alla chercher son chapeau et sortit avec la majesté d'une Romaine pour retourner dans sa famille.

Il y eut procès et plaidoyers brillants. L'avocat de M. Thomas fit merveille comme un chassepot neuf. A la grande joie de son client, il prouva que celui-ci n'avait jamais cessé un instant d'être cocu, que personne, depuis l'antiquité jusqu'à nos jours, ne l'avait été autant que lui. Faisant coïncider fort heureusement la découverte de la pipe dans le lit de Mme Thomas avec le passage d'un régiment de lanciers dans le pays, il découvrit à la seule inspection de l'écume et du bout d'ambre de l'instrument, qu'il avait appartenu à un sous-lieutenant blond, ayant les yeux bleus, la moustache fine, l'air conquérant et âgé de vingt-deux ans et demi. Il fit de ce jeune militaire une description qui impressionna vivement le seul des juges qui ne dormît pas tout à fait. Il montra le reître foulant d'une botte éperonnée et triomphante l'honneur d'un citoyen paisible et vertueux! Mars s'acharnant encore à la paix conjugale de Vulcain! Très libéral en ce temps-là, comme tous les autres sénateurs de la droite d'aujourd'hui, ce Cicéron des familles outragées eut sur « la soldatesque effrénée » et « la garde prétorienne des futurs Césars » une période emportée et sublime qu fut son premier pas vers la députation (en admettant toutefois qu'une période puisse être un pas).

Inutile de dire qu'il gagna haut la main sa cause. M. Thomas eut cette joie, qu'en se réveillant, pour aller dîner, un prétoire tout entier lui décerna son brevet de cocu.

Quant à Mme Thomas, on n'en entendit plus parler.

Je lui avais gardé cependant un souvenir fidèle, et bien des fois son beau visage réfléchi, ses attitudes majestueuses, l'harmonie puissante et douce de toute sa personne m'étaient revenus à l'esprit. Comment son nom fut-il prononcé, l'autre jour, devant moi?... Un hasard de conversation sans doute.

— Vous l'avez connue autrefois? me demanda le docteur Cabat, un aimable vieillard dont je prise fort la conversation.

— Oui, dans mon enfance. Vous avez su l'histoire de la pipe ?

— Si je l'ai sue ! La pauvre femme !

— Elle était innocente ?

— Certainement !

— Pourquoi alors ne s'est-elle pas défendue.

— Par dignité, d'abord, et puis parce que l'explication vraie de la chose eût fait crever de rire tout le monde et révélé une des curieuses conséquences de cette pauvre loi de l'habitude, laquelle n'est pas seulement une seconde nature, comme l'ont dit les philosophes, mais bien une nature plus impérieuse encore que l'autre.

— Pouvez-vous me la raconter, cette étrange histoire ?

— Oui, mais quand nous serons seuls.

— Elle est donc bien... ?

— Non ! elle est comique seulement, mais d'un comique fort rabelaisien.

— Nous sommes seuls, docteur.

— Sachez donc que Mme Thomas était veuve,

quand elle épousa le joli monsieur que vous avez connu. Son premier mari, que je me rappelle fort bien et qui répondait au nom de Grandminot, était une façon de butor complètement dénué d'attentions et de procédés vis-à-vis d'elle. Vous me pardonnerez un détail conjugal. Ce manant, qui couchait, par goût, dans la ruelle du lit, n'était pas plutôt étendu sous les draps, qu'il allumait une énorme pipe dont la fumée incommodait prodigieusement sa pauvre femme en train de lire mélancoliquement un roman sur le devant de leur commune couche. Elle avait vainement prié et supplié. Le monstre continuait, en manant, à l'asphyxier avec sa bouffarde. Alors une idée de génie lui était venue, à elle, une idée évidemment inspirée par le désespoir. Quand le misérable, ayant empoisonné la chambre tout son saoul, avait, en passant le bras par-dessus sa compagne, replacé l'instrument de torture sur la table de nuit, la lumière éteinte, elle saisissait l'objet à son tour et en glissait sournoisement le bout d'ambre là où M. Purgon avait accoutumé d'insinuer ses hydrauliques canules, au temps de Molière.

— Fi ! quel sale goût a ma pipe ! avait dit le lendemain Grandminot en éternuant.

— Nom de nom ! quel exécrable tabac fait aujourd'hui le gouvernement ! avait-il ajouté le surlendemain.

— Le diable m'emporte, c'est à ne plus fumer ! avait-il conclu le troisième jour.

Il lutta cependant durant six semaines, au bout desquelles il était complètement guéri de l'habitude de fumer.

Oui !.. mais !.. pendant ce temps-là, sa femme en avait pris une autre et ne pouvait plus s'endormir sans avoir une pipe là où visait M. Purgon !

Excuse, ami lecteur, une fois de plus, la gauloiserie de cet authentique récit.

XV

LA POUDRE MIRACULEUSE

Vous allez m'en vouloir mortellement, ma cousine Guillemette, de la petite histoire que je vais raconter. Mais je m'en moque comme d'un changement de gouvernement, ma mie. Si vous m'aviez épousé, au temps où j'étais assez fou pour mettre à vos petits pieds ma vie souriante, je serais tenu au secret professionnel. Mais vous m'avez préféré un obèse magistrat, et la considération due à ce marchand de justice ne m'en impose pas assez pour retenir au bout de ma plume une révélation piquante... Oui, piquante! et vous serez la première à trouver le mot juste... sinon propre, quand vous vous rappellerez l'aventure que j'exhume de nos mémoires enfantines. Pourvu que vos fils... car vous avez de grands fils, ma cousine Guillemette, ce qui ne vous rajeunit pas (ah! si vous aviez été ma femme, combien j'eusse été plus discret que votre procureur !), pourvu que vos énormes fils, dis-je, n'achètent pas le *Gil Blas* en allant au collège, comme font beaucoup de jeunes gens avisés qui aiment rire ! Pourvu que ce ne soit pas eux qui, en rentrant le soir, vous régalent de cette gauloiserie innocente ! Eh bien ! après ! Je m'en moque encore. Je me moque de tout. En ne m'autorisant pas, au temps de ma juvénile vertu, à vous conduire à l'autel, vous m'avez, Guillemette, précipité dans une existence de débauche. Je vous dois d'avoir mangé mon saint-frusquin — agréablement d'ailleurs — avec des concubines et d'avoir peut-être inconsciemment lancé à travers le monde de futurs héros portant une barre au glorieux écusson de nos aïeux. Je vous dois de n'être ni au Parlement ni de l'Académie, comme tant d'autres qui ont su se concilier l'estime des imbéciles par la régularité de leurs mœurs. Et je me gênerais, après cela, pour amuser les personnes d'esprit à vos dépens ! Bernique, ma belle ! Et j'y vais de mon récit !

D'ailleurs, le début n'aura rien de désagréable pour vous.

Oui, mesdames et messieurs, elle était adorable, ce jour-là, ma cousine.Guillemette, juchée sur l'âne de la mère Tontin, un vieil âne pelé, mais très malin. On nous avait permis cette promenade tant souhaitée, parce que les vacances allaient finir. O la belle journée d'automne ! Le sol était tout rouillé de feuilles mortes qui crépitaient sous les pas et, sur l'azur pâle du ciel, les bouleaux agitaient encore, seuls, leurs sonnettes d'argent, comme pour sonner le glas des fêtes évanouies de l'été. Dans la tiédeur d'une de ces après-midi de pardon qui trompent les êtres et les choses, les derniers papillons voletaient d'une aile engourdie sur les asters et les chrysanthèmes. La tendresse vague des adieux était dans l'air traversé de frissons, dans les feuillages aux pourpres chancelantes, dans l'eau courant avec plus de mélancolie entre les roseaux déjà penchés, dans la chanson inquiète des oiseaux, dans la lumière affaiblie qu'un imperceptible voile semblait tamiser en poussière d'or. Tout subissait ce charme des déclins qui console de vieillir parmi la vieillesse de tout ce qui nous entoure. Tout, excepté Guillemette et moi qui avions trop de printemps au cœur pour croire qu'il fût une autre saison au monde! Je la suivais à pied et la méchante, pour me faire courir, talonnait avec frénésie les flancs de sa monture. Celle-ci s'en vengeait en adoptant un trot qui eût descellé les pierres d'une pyramide. Je voyais la pauvrette secouée à faire frémir sur l'échine montueuse du baudet qui, de temps à autre, ajoutait le sursaut d'une ruade à l'effroyable cahotement de son allure. Alors Guillemette éperdue le saisissait aux oreilles, tandis que l'arcadique bête lui fouettait le dos de sa queue.

Cette mémorable lutte entre une jolie fillette et un âne complètement dénué de galanterie dura de midi à huit heures du soir.

On était fort inquiet de nous quand nous rentrâmes à la maison et je fus sévèrement puni, Guillemette ayant eu le soin de dire que c'était moi qui l'avais égarée en chemin.

Le lendemain, elle ne parut pas au déjeuner. On répondit vaguement aux questions que je fis à ce sujet. La bonne me dit seulement, en étouffant une visible envie de rire, que Mademoiselle n'avait jamais pu s'asseoir. Parbleu! une peau tendre comme celle de Guillemette! un duvet de pêche aux prises avec le cuir tanné d'une bourrique en délire ! Le plus joli, c'est que ce fut encore moi qui subis la responsabilité de ce nouvel incident ! N'aurais-je pas dû prévenir ma cousine, qu'à ce jeu-là elle perdrait tout ce que la divine Providence avait mis d'épiderme entre son poids charmant et les fauteuils destinés à en être caressés ! C'est qu'il paraî qu'elle souffrait le martyre et qu'elle mêlait mon nom et celui de l'âne coupable dans une commune malédiction. La maison tout entière en était bouleversée. On avait bien pensé à envoyer chercher le médecin, mais Guillemette, qui venait d'entrer dans l'âge aimable de la pudeur, avait déclaré que, pour rien sur la terre, elle ne permettrait à un mortel d'un autre sexe que le sien de contempler le dégât commis sur sa personne. Cette lunatique résolution nous avait tous consternés.

— Pas même M. Cornesec ? lui avait demandé d'un ton suppliant notre tante.

— M. Cornesec ?... peut-être. Il est borgne ! avait répondu Guillemette à bout de résistance.

— Et puis, il a la soixantaine passée.

— Va pour M. Cornesec ! Mais on ne lui montrera que tout juste ce qu'il faut !

Et M. Cornesec fut mandé sur l'heure même.

Une physionomie étrange que celle de cet ancien médecin militaire, à qui un Calédonien avait crevé un œil d'un coup de flèche, qui avait beaucoup vu, beaucoup voyagé, quelque peu appris et possédait des remèdes venant des quatre parties du monde. On le regardait volontiers dans le voisinage comme un charlatan. Mais il avait si bien soigné un panaris à mon cousin Adhémar, qu'il était contemplé chez nous comme un prophète. Il en avait quelque peu les allures, portant les cheveux longs, la barbe inculte, parlant de haut, levant souvent les yeux au ciel, enveloppant ses moindres actions d'une solennité toute pontificale. Guillemette se moquait beaucoup de lui, et c'était justement pour le peu de sérieux avec lequel elle l'envisageait qu'elle avait consenti à lui montrer ce qu'elle cachait à tout le monde. A peine M. Cornesec sut-il ce dont il s'agissait, qu'il affirma qu'avec une petite poudre rapportée par lui de Constantinople et usitée là-bas pour les almées, il guérirait ma cousine en vingt-quatre heures. Seulement cette poudre étant extraordinairement mordante et corrosive, il était indispensable qu'il l'appliquât lui-même sur les parties lésées et avec la plus grande précaution.

Ce fut une admirable cérémonie dont j'étais soigneusement banni, mais que me conta, dans le plus grand détail, la bonne indiscrète dont j'ai parlé plus haut.

Étendue sur le ventre et la tête dans les dentelles de son oreiller, Guillemette, résignée, avait pris toutefois si grand soin qu'on ne mît à découvert que le nécessaire, que deux personnes ajustaient étroitement les draps sur tout le reste et que deux autres, une bougie à la main chacune, veillaient à ce que rien ne soulevât ce voile pudibond. La circonférence malade étant ainsi parfaitement délimitée, M. Cornesec fit un large cornet de papier dont la base ouverte l'entourait exactement de son contour circulaire, tandis que, par le haut, il verserait doucement sa poudre, en suivant, de son œil valide, cette délicate opération.

Et il le fit comme il l'avait conçu. Ledit œil à fleur du cornet, et le regard plongeant, il commença à répandre la miraculeuse poussière, mais avec une parcimonie prudente et inquiète. Tout le monde hâletait autour de lui, les deux serre-draps et les deux porte-cierges. On aurait entendu voler un changeur. Ce silence avait quelque chose de religieux. Soudain, percevant seule, bien que la tête voilée, le comique de la situation, cette satanée Guillemette fut secouée d'un rire convulsif et, en s'esclaffant dans son oreiller, ne put retenir son vent, lequel ne trouvant pas d'issue par la bouche, s'en fut à l'autre bout de sa personne où il fut plus heureux. Un tonnerre retentit dans le cornet de papier, suivi d'un cri épouvantable. La poudre merveilleuse, violemment repoussée par cet ouragan, avait été se loger dans l'œil attentif du docteur, qui se roulait par terre, en hurlant comme un possédé, car je vous ai dit que ladite poudre était caustique en diable et brûlante comme un tison. Pendant ce temps, les deux bougies tombées mettaient le feu aux draps, et ma pauvre cousine, à qui l'épouvante faisait oublier sa pudeur, gambillait à peu près nue à travers la chambre.

Ah ! ce fut une rude histoire. M. Cornesec en resta aveugle, et, le tuteur de Guillemette ayant refusé de lui servir une pension viagère, il y eut un procès dans lequel plaida le futur époux de ma cousine. Le tuteur fut simplement condamné à fournir un caniche au malheureux Cornesec, et le misérable profita de la cécité de son adversaire pour lui octroyer un simple loulou. Ce loulou, extraordinairement débauché, comme tous les animaux de sa race, entraînait son infortuné maître à la poursuite de toutes les chiennes en folie. Un jour enfin il le noya, en voulant jouer le Léandre d'une Héro à poil ras.

Et maintenant, pardonne-moi, ô ma chère Guillemette !

XVI

COURS DE SERRURERIE

L'automne était venu et les longues soirées que charment, à la campagne, le whist, le trictrac et la lecture en commun. Celle-ci était fort en honneur chez ma vieille tante Marguerite qui adorait, quoi quelle s'en défendît, les romans à sensation pleins d'aventures galantes et de crimes hardis. En ce temps-là, les ouvriers de ce genre de machines prenaient la peine d'en inventer eux-mêmes les rouages et ne se contentaient pas de piller la *Gazette des Tribunaux*. Les amateurs d'émotions judiciaires en étaient réduits à la lecture de feuilles spéciales ou de recueils tels que celui des *Causes célèbres*. C'était un chapitre de ce dernier qu'on venait d'achever, ce soir-là, le chapitre qui est relatif à la mort mystérieuse du dernier des Condé.

— Moi, disait ma vieille tante, je suis parfaitement convaincue que c'est cette coquine de madame de Feuchères qui a fait étrangler ce pauvre prince.

— Prenez garde, madame, objecta le sous-préfet Pétolard ; Sa Majesté la reine Marie-Amélie avait pour cette coquine la plus vive amitié.

— Parbleu ! Il s'agissait de faire hériter son fils d'Aumale !

— Vous prêtez gratuitement, madame, reprit plus sévèrement M. Pétolard, à la famille d'Orléans, dont le désintéressement est pourtant proverbial, des sentiments indignes d'elle ! Le duc d'Aumale, tout petit, se distinguait, au contraire, déjà par son extraordinaire libéralité. Quand un de ses camarades lui donnait une calotte, il lui en rendait toujours deux.

— Il se rattrapait au jeu de billes en ne rendant rien.

— D'ailleurs vous oubliez, madame, que monsieur le prince de Condé a été trouvé seul dans sa chambre, dont le verrou était fermé en dedans.

— Avec ça que monsieur le conseiller rapporteur, de la Huproie, n'a pas fort bien établi, après avoir consulté des experts, que rien n'était plus simple que de fermer, de dehors, un verrou en dedans ? que même cette découverte lui valut sa mise à la retraite immédiate !'

— Dès que c'est un parti pris chez vous, madame, de fronder le gouvernement, je n'insiste plus. Je serais cependant curieux de savoir comment on peut s'y prendre pour faire ce que vous dites.

Et moi aussi qui prêtais l'oreille depuis un instant, j'en étais prodigieusement curieux.

— C'est simple comme bonjour, riposta ma tante. Pendant que vous êtes encore dans la pièce qu'il s'agit de fermer ainsi, vous passez un mince ruban ou une simple ficelle autour de la tête du verrou et vous en gardez les deux bouts dans votre main quand vous fermez la porte en dehors, après être sorti de la chambre. Il vous suffit alors de tirer extérieurement sur ces deux bouts pour que la boucle formée autour de la tête du verrou soit entraînée dans le sens qui ferme celui-ci et lui fasse faire le mouvement nécessaire. Après quoi, tirant sur un des bouts seulement, vous faites revenir à vous le ruban tout entier.

J'étais positivement émerveillé de cette lumineuse explication.

8.

Je résolus de faire une expérience immédiate.

Adossé au corps du bâtiment principal, un pavillon composé d'un seul rez-de-chaussée et éclairé par une simple lucarne, entourée de glycine avait une destination que vous avez déjà devinée. Un parfum de lavande le dénonçait du dehors à la curiosité quelquefois intéressée des visiteurs, et un simple verrou en fermait l'huis sur les occupations intimes de ses hôtes. C'était d'ailleurs l'unique boudoir de même nature qu'il y eût dans la propriété. L'idée de le clore sur un habitant imaginaire et prodigieusement gênant pour tout le monde, me parut le plus heureux du monde, un jour surtout où l'on avait mangé à dîner une certaine compote de melons que ma vieille tante confectionnait elle-même, et qui aurait rendu la colique à un mort.

Sans nommer la moindre commission ni sous-commission pour lui soumettre mon projet, je l'exécutai en suivant de point en point les instructions de M. de la Huproie, et quand je ramenai à moi la ficelle prescrite, j'eus la joie de constater que le verrou était parfaitement fermé en dedans.

Il ne me restait plus qu'à attendre l'effet de cette fumisterie de haut goût.

Je n'attendis pas longtemps.

De ma chambre qui donnait sur l'escalier, menant à la cabane de Philémon, j'entendis une série d'allées et de venues qui me donnaient bien envie de rire. Ceux qui descendaient grommelaient entre leurs dents :

— J'espère que cette fois-ci je ne ferai pas chou blanc ! — Ceux qui remontaient juraient des : — Sacré nom ! Il y en a qui en prennent tout de même à leur aise chez les autres ! — C'était une inconcevable traînée de pantoufles impatientes, une procession de chemises au vent dont j'entendais le frôlement léger le long du mur.

Un gros général, le général de Hochetaqueue, qui était des invités de ma tante, tempêtait principalement et exhalait sa mauvaise humeur en canonnades pérégrinales dont toute la maison était ébranlée.

Moi j'avais tout simplement mal à la rate, dans mon lit, de m'amuser !

— Il est certainement arrivé un malheur ! dit

tout à coup, avec une expression d'angoisse véritable, la petite voix chevrotante de ma vieille tante Marthe.

— Quelque imbécile qui aura glissé ! continua le général de Hochetaqueue.

— Un suicide peut-être! poursuivit le sous-préfet Pétolard.

— Adhémar avait l'air préoccupé depuis deux jours.

— Allons voir dans sa chambre. Il s'est retiré de bonne heure.

Un silence relatif rempli par un vacarme confus de pas succéda à ces interrogations. On allait inspecter la chambre de mon cousin. Il paraît qu'on la trouvait vide, car on redescendit furieusement avec des exclamations plus fortes.

— Ah ! mon Dieu !
— Quel malheur !
— C'est certainement lui !
— Si jeune ; accomplir un pareil dessein !
— Malheureux Adhémar !
— Allons chercher le commissaire !

Je commençais à être plein de pitié pour tous ces pauvres gens et à trouver, moi-même, que ma plaisanterie dépassait son but... Mais que faire ? J'avais déjà fait pas mal de farces du même goût et j'étais officiellement prévenu qu'à la première, je serais renvoyé au collège pour y finir mes vacances dans la fréquentation des pensums quotidiens. Déclarer mon méfait, c'était aller au-devant de cette destinée peu tentante. Un autre scrupule me retenait, plus honorable, celui de faire découvrir quelque fredaine de cet animal d'Adhémar. Car moi qui savais fort bien qu'il n'était ni dans la chaumière d'Éole ni dans sa propre chambre, j'étais bien obligé de supposer qu'il était ailleurs. Où ?... mystère ! Mais en laissant les choses suivre leur cours, je lui donnais peut-être le temps de rentrer et de sauver sa propre situation.

Ah! la lâcheté ne manque jamais de bonnes raisons pour s'excuser et faire bon ménage avec la paix de la conscience.

Je rentrai donc la tête dans mon lit, décidé à attendre les événements.

Un commencement de châtiment me venait d'ailleurs du ciel. Moi aussi j'avais imprudemment mangé de la compote de melon et j'étais piteux comme le chasseur pris à son propre piège.

— Au nom de la loi, ouvrez !

Les trois coups furent frappés suivant les règles par M. le commissaire d'Étioles mandé en grande hâte et arrivé à quatre heures du matin.

Silence !

Puis un bruit épouvantable, celui de la porte sautant en éclats sous une vigoureuse poussée.

Puis un cri humain et le miaulement désespéré d'un chat recevant un coup de pied dans le ventre Car il paraît que, sans faire attention, j'avais enfermé Miaou, le chat familier de ma tante Marthe, dans le pavillon aux glycines, et que cet animal, subitement délivré, avait sauté aux jambes du commissaire.

— Voilà une farce qui vous coûtera cher ! clama celui-ci furieux.

— Voilà un mot que vous me payerez ! riposta le général de Hochetaqueue hors de lui.

— Vieil imbécile !

— Magistrat sans vergogne !

Pan ! pan ! J'entendis distinctement deux soufflets, puis la rumeur des assistants séparant les adversaires, pendant que ma vieille tante poussait des gloussements de poule.

— Place ! place ! de grâce ! cria une voix nouvelle ! — Et, en même temps, un ouragan se précipitait du sommet de l'escalier.

Cette voix était celle du malheureux Adhémar, qui, rentrant furtivement de courir le guilledou et ne sachant rien de ce qui s'était passé pendant son absence, avait été lui-même pincé par la colique générale.

On l'appréhenda au passage !

— Où étais-tu ?

— D'où viens-tu ?

— Vous, l'auteur de toute cette bagarre !

— Méchant polisson !

— Vos nom et prénoms ! conclut la voix rébarbative du commissaire.

Adhémar s'excusait, Adhémar se défendait, Adhémar pataugeait. Il est vrai que j'aurais dû me déclarer. Oui, mais le collège ! Et puis, Adhémar n'en aurait pas moins eu à expliquer son absence.

Neuf mois après, la fille du jardinier aurait pu en dire quelque chose.

Je ne sais plus ce qu'il conta sur l'instant, mais

on fut assez naïf pour l'accepter. Quant à la fermeture de la porte en dedans, elle ne fut jamais expliquée pour personne. Il fut généralement admis que Miaou, en entrant par la lucarne, pour chasser les souris, avait dû bondir sur le verrou et le fermer avec ses pattes.

Le docteur Musaraigne, un vieux savant à qui la chose fut contée, la consigna dans son ouvrage sur les *Bêtes utiles* et établit victorieusement que si, au lieu d'une araignée, Pellisson avait eu un simple angora, celui-ci, en moins de rien, lui eût ouvert les portes de sa prison.

XVII

L'EMBARRAS DE L'ONCLE JULES

Nous avions, Guillemette et moi, en commun, un oncle nommé Jules, le plus jeune de notre famille ascendante, et qui, de vous à moi, avait mené une vie de polichinelle, ce dont je le loue de toutes les forces de mon âme. D'autant, qu'au moment où commence cette histoire, il venait de faire une fin, en épousant une très noble et très riche héritière qui s'était éprise de ce vaurien. Notre nouvelle tante, dont le petit nom était Céleste, le justifiait par l'expression candide de ses grands yeux bleus et l'auréole d'or dont sa séraphique chevelure encadrait son front lilial; créature de tous points angélique et n'appartenant à la terre que par un goût désordonné pour les timbales de macaroni; propriétaire, d'ailleurs, d'un fort beau château enveloppé d'un parc considérable, et mirant dans les flots bleus de la Loire sa frontière boisée. C'est là que, dans une chapelle néo-gothique, eut lieu le mariage où tout ce qui survivait de notre race fut convié.

Je fis là connaissance avec un tas de parents que je ne m'étais jamais soupçonnés et vers lesquels ne m'eût jamais attiré, seule, la voix du sang. Plusieurs me parurent même très ridicules, et Guillemette ne se fit pas faute de les cribler, par derrière, de remarques désagréables et d'éclats de rire étouffés. Tout ce monde-là était invité pour huit jours pleins, qui se devaient passer en divertissements de toutes sortes, tels que jeux, promenades en voiture, tirs variés, comédies de salon, charades, chasses et pêches, en un mot, tous les champêtres plaisirs de la villégiature élégante.

Nous en étions au soir du troisième de ces jours-là, lequel jour avait été consacré à une gigantesque pêche d'écrevisses. Tout le monde était éreinté. Plusieurs de ces dames, parmi lesquelles la nouvelle épousée, avaient demandé la permission de se retirer dans leurs appartements. Il ne demeurait au salon que les hommes, ma vieille tante Marthe qui adorait leur société, et Mlle Zoé, la nièce du chanoine, cette demoiselle sur le retour, qui professait le même goût, mais pour des motifs moins désintéressés.

On nous avait envoyé coucher à neuf heures, comme d'habitude, ma cousine Guillemette et moi, mais, comme d'habitude aussi, nous nous étions relevés en cachette et blottis, sur un canapé, dans le boudoir obscur qui n'était séparé du salon que par une portière, mais où personne n'entrait le soir, nous écoutions, indiscrets enfants, tout ce qui se disait dans la pièce à côté.

Eh bien ! nous en entendîmes une bonne, cette fois-là !

— On parle toujours de l'hospitalité écossaise, disait notre oncle Jules, eh bien ! ce n'est rien du tout à côté de l'hospitalité bulgare.

— Et laponne, interrompit l'amiral Le Kelpudubec.

— Quand j'étais à Bucharest, continua le narrateur, j'avais pour hôte un gentilhomme nommé Ladislas, d'une des plus grandes familles de la ville. Il me reçut comme un frère et me combla de prévenance. Mais la plus délicate (je puis vous le dire tout bas, puisque ma femme est couchée) fut certainement de m'amener le soir dans la chambre de la sienne, une superbe créature, et de m'y laisser jusqu'au lendemain matin. C'est la coutume du pays.

— Quelle horreur! s'écria ma vieille tante Marthe.

— Quel désintéressement ! ajouta Mlle Zoé.

— Absolument comme en Laponie! dit l'amiral Le Kelpudubec. La même chose m'est d'ailleurs arrivée à Pesth. Comme le disait fort bien notre ami, c'est un usage consacré dans ces pays privilégiés, usage basé sur un amour profond de l'humanité et le sentiment de la réciprocité. Car de même qu'un Bulgare croirait insulter son hôte en ne lui offrant pas la moitié de son lit conjugal, il tuerait comme un chien celui qui, dans des circonstances analogues, lui refuserait la moitié du sien.

— Je ne savais pas ça ! dit notre oncle Jules, visiblement inquiet. Et ce Ladislas qui m'a promis de venir passer quelques jours avec moi en France ! Bah ! il y a cinq ans de cela et en voilà trois qu'il ne m'a plus écrit. Il est peut-être mort.

O égoïsme humain ! notre oncle Jules, un brave

homme cependant, souhaitait le trépas de son bienfaiteur !

Juste à ce moment, un domestique entra, apportant sur un plateau le courrier du soir. Mon oncle pâlit, en saisissant une lettre bizarrement timbrée, et c'est d'une voix tremblante qu'il lut :

« Bucharest, le 2 septembre 1855.

» Mon cher ami, j'ai appris par les journaux votre mariage et je viens prendre ma part de votre joie... »

— L'impertinent ! hurla notre oncle.

Et il continua :

« Je crains d'arriver en retard, mais ne m'en veuillez pas... »

— Comment donc !

« Si je ne suis pas l'ouvrier de la première heure... »

— Il n'eût plus manqué que ça !...

« J'apporterai cependant ma pierre à l'édifice de votre bonheur... »

— Polisson ! Et il a la pierre !

« Je serai samedi auprès de vous...

» Votre tout dévoué,

» Ladislas. »

— Je le ferai arrêter à la frontière ! s'écria mon oncle exaspéré.

— Vous n'en avez pas le droit, mon ami, fit judicieusement observer le sous-préfet Pétolard.

— Et puis, une fois relâché, il vous massacrerait sans scrupule, comprenant fort bien le motif de votre dénonciation, continua l'amiral Le Kelpudubec.

— Que faire ! alors ! que faire ?

Et le malheureux Jules s'appliquait déjà, avec ses poings, des bosses au front, comme pour en détourner celles dont il était menacé.

— J'ai une idée, dit la vieille tante Marthe. Dites-lui que vous êtes veuf !

— Moi, j'avais une autre idée ! soupira mademoiselle Zoé, mais si bas que personne ne l'entendit.

— Veuf ! veuf ! veuf ! mais il sait que je suis marié depuis trois jours seulement !

— Votre femme n'a-t-elle pas pu mourir le lendemain !

— Soit ! Mais qu'en pensera-t-il ?

— Ce qu'il voudra ! Peut-être des choses très flatteuses pour vous !

— Et puis comment expliquer à ma femme ?...

— Ça, je m'en charge.

— Il va falloir faire prendre le deuil à toutes les personnes du château !

— Simple détail de ménage ! Voilà qui me regarde encore, si vous le voulez bien.

— Quel bouleversement dans la maison au lieu des réjouissances prévues !

— Aimez-vous mieux être cocu ?

— Fichtre ! non ! Faites, ma tante Marthe ! Faites, ô chère providence ! Mais pourvu que ces mâtins d'enfants ne vendent pas la mèche.

— Armand et Guillemette ? Je leur ferai moi-même la leçon.

— Le diable emporte ce Ladislas !

— Vous ne disiez pas ça, il y a cinq ans, mon gaillard, dit l'amiral Le Kelpudubec en accrochant de son coude pointu celui de mon malheureux parent.

— Il y avait quelque chose de bien plus simple à faire ! murmura entre ses dents Mlle Zoé, la nièce du chanoine.

Deux jours après, le prince Ladislas faisait son

entrée au château, où tout respirait l'abattement et la tristesse, au milieu d'un personnel tout de noir vêtu. C'était un homme d'une quarantaine d'années, vraiment beau par la pâleur éburnéenne de son teint, la douceur profonde de ses grands yeux de jais, l'abondance sombre de sa chevelure aux reflets bleus. Ressemblait-il au rêve de mademoiselle Zoé? Mais en l'apercevant elle mit la main sur son cœur et décocha au ciel un regard de colombe blessée.

Avec beaucoup de sérieux et d'émotion, mon oncle Jules, au sortir des fougueuses étreintes de son ami, lui conta son malheur imaginaire.

— Moi qui lui apportais ce présent de noces! dit le prince en tirant de sa poche un saphir gros comme une noisette... la pierre promise!

Mon oncle Jules avait tendu la main, mais le prince avait remis le joyau dans sa poche avec infiniment de mélancolie.

— Frère, mène-moi prier avec toi sur sa tombe, ajouta-t-il avec une solennité douloureuse.

— C'est que... je n'ose vraiment...

— Tu ne peux refuser à ton frère la joie de partager ta peine, comme il eût aimé partager ton plaisir.

— Il le faut, dit tout bas l'amiral Le Kelpudubec à notre oncle. C'est encore un cas de vie ou de mort.

— Allons-y ! dit avec résignation mon oncle.

Et, prenant le bras du prince, il l'entraîna au cimetière du village voisin et l'y fit prier avec ferveur sur la pierre tombale d'un notaire mort de caducité deux jours auparavant. Lui-même dut intercéder vivement auprès de Dieu en faveur de l'âme de cette vieille bourrique d'officier ministériel.

Quand tous deux revinrent, le prince était sensiblement plus abattu que son guide. On le laissa un instant seul, dans le salon, où, tombant sur un canapé, il se mit à sangloter comme une femme.

Guillemette et moi, nous étions encore dans le petit boudoir à côté, guettant tout ce qui se passait.

— C'est abominable, me dit tout à coup ma petite cousine, qui pleurait elle-même, de faire tant de peine à ce bon monsieur, et puis, Dieu défend de mentir.

Et, avant que j'eusse pu la retenir, dans un élan de sincérité indignée, comme en trouvent volontiers les femmes quand elles font une infamie, elle avait soulevé la portière, et, se précipitant vers le prince :

— Monseigneur, lui dit-elle d'une voix caressante, séchez vos larmes, c'est une farce qu'on vous fait, ma tante Céleste n'est pas morte !

Le prince bondit, passa la main dans ses cheveux, et, éclatant de rire :

— O jovialité française ! s'écria-t-il.

A ce moment, mon oncle Jules entrait et Guillemette n'avait que le temps de se sauver.

— Gros fumiste !

Et, rayonnant de joie, le prince serrait dans ses bras convulsifs notre oncle Jules, ahuri.

— Va ! va ! Je sais maintenant que c'est une charge d'atelier que tu m'as faite ! continuait-il. Nom de nom! tu les fais bien, les charges d'atelier. J'y ai été pris comme une bête. Satané blagueur ! Avez-vous tout de même de l'esprit en France ! Allons, mon vieux Jules, présente-moi maintenant à madame.

— Je viens vous sauver, dit tout bas à mon oncle Mlle Zoé en entrant.

— Ma femme !

Et mon oncle Jules, prenant au bond cette balle inattendue, saisit la main de la nièce du chanoine, qui fit respectueusement la révérence.

Le prince Ladislas réprima assez mal une grimace de désappointement.

C'est qu'il faut être juste, Mlle Zoé qui, espérant ce dénoûment, s'y était préparée par un bout de toilette, n'était pas jolie à regarder. Les roses vivantes qu'elle avait mises dans ses cheveux faisaient le plus grand tort aux roses défuntes de ses joues. L'échancrure volontaire de son corsage trahissait les maigreurs inconsistantes de sa poitrine, et ses mains jaunes de vieille fille semblaient s'allonger de toute la longueur de ses bras nus. Seul, son sourire avait dix-huit ans, un sourire de vierge confite dans un célibat aigre.

Le prince n'en tira pas moins le saphir de sa poche.

Mlle Zoé le prit en rougissant, songeant à quelque emblème oriental, indécent peut-être.

— Mille compliments, mon ami, dit-il à mon oncle Jules en lui serrant chaleureusement la main.

Et il ajouta avec un petit air polisson et narquois :

— Quel malheur que vos mœurs françaises, dont je me suis enquis avant de venir dans votre pays, ne me permettent pas de réclamer le privilège dont j'ai été si heureux de vous gratifier dans le nôtre !

— Nom d'un chien ! si j'avais su ! pensa mon oncle Jules.

— Et moi, donc ! soupira la pauvre Zoé.

Le prince resta pendant huit jours pleins pendant lesquels notre malheureux oncle Jules dut faire semblant d'être le mari de la nièce du chanoine. — Il est vrai d'ajouter que le prince les consacra à faire une cour assidue à notre tante Céleste que son époux lui avait présentée comme une cousine éloignée.

Rappelez-vous que Ladislas était beau et séduisant, beaucoup plus beau que notre oncle Jules!... Mais en voilà assez, n'est-ce pas ? Vous ne voulez pas que j'éreinte mes proches !... Bonsoir !

XVIII

VARIATIONS SUR « PHÈDRE »

La ville de Melun possédait autrefois un capitaine de sapeurs-pompiers qui avait trouvé une formule de langage vraiment heureuse. Quand, parcourant, le dimanche matin, le front de sa compagnie, avant d'en faire faire l'appel, il constatait, à première vue, des vides nombreux dans son personnel, fronçant tout à coup le sourcil :

— J'aperçois d'ici beaucoup de figures qui n'y sont pas ! disait-il d'un ton furieux.

Eh bien ! moi aussi, qui n'ai pourtant commandé dans ma vie d'autres pompes que celles de M. Éguisier, et encore rarement, je me mets dans une colère épouvantable, lorsqu'en écoutant Molière, à la Comédie-Française, j'entends, de ma place, *beaucoup de mots qui n'y sont pas !* La suppression de certains substantifs ou adjectifs qui blesseraient, paraît-il, la bégueulerie contemporaine, me met positivement hors de moi. Ces pauvres vocables proscrits, on m'a reproché de les employer trop volontiers et avec une complaisance systématique dans ma propre prose. Eh! quelle âme de bronze n'attendriraient-ils, après un exil de près de deux siècles, eux qui avaient été la joie de nos aïeux! Qu'ont-ils donc fait, les malheureux, pour que le génie lui-même ne les ait pas couverts de son immortalité? J'entends fréquemment des gens se demander fort sérieusement si une expression est française ou non. Il me semble pourtant qu'il y a une règle bien simple à suivre à ce sujet. Les expressions françaises sont celles qui ont été consacrées par des maîtres de notre langue. Je n'admets pas qu'il y ait des fautes de français dans Bossuet ni dans Molière. Mais lui, combien il était français, ce vocabulaire de Rabelais dont la bêtise des temps a fait choir les plus belles fleurs en croyant l'écheniller! Molière en avait ramassé quelques-unes et voilà maintenant qu'on les lui arrache des mains pour les fouler, une seconde fois, aux pieds! Je me méfie d'une génération dont toute la chasteté est remontée aux oreilles! J'aurais trouvé les filles de Loth mal venues à observer que le pantalon de monsieur leur père avait des plis indécents. Honnêteté des mots, malhonnêteté des choses! Si on n'ose plus aujourd'hui appeler un chat un chat, c'est qu'une pensée malpropre est venue se loger dans cet innocent substantif. La seule excuse des étonnants maniéristes du roman contemporain quand ils créent des barbarismes à plume que veux-tu, c'est qu'on ne peut plus prendre les mots de l'ancienne langue qu'avec des pincettes, tant la sale imagination des contemporains a caché d'ordures dessous. Oui, ce raffinement de pudeur dans la forme dénonce l'effroyable dépravation du fond. Et ces deux extrêmes ont coutume de se toucher.

En voulez-vous un exemple?

Tel que vous me voyez, j'ai joué *Phèdre*.

Ne cherchez pas au diable mon personnage. Je n'étais pas Hippolyte, n'ayant jamais eu aucun goût pour la chasse, — ni Thésée, n'ayant pas encore à douze ans ce qu'il faut pour cela, — ni Théramène, manquant, dès ce temps-là, de solennité à un point prodigieux. J'étais, ne vous en déplaise,

La fille de Minos et de Pasiphaë.

Mais ne croyez pas que j'eusse, au moins, conçu pour mon beau-fils que représentait mon camarade Courtebatte une adultère passion ! C'est à une distribution de prix que la représentation avait lieu, dans une petite école de province, et notre maître M. Pacot avait arrangé, pour la circonstance, une *Phèdre* sans amour.

Cela paraît peut-être exorbitant au premier abord. Mon Dieu, pas plus que ce qui m'arriva vingt ans plus tard. J'avais commis en collaboration avec mon ami Émile Bergerat un drame qui fut représenté, en 1873, au Vaudeville. *Ange Bosani*, — c'était son titre, — avait pour héros un monsieur qui vit aux dépens d'une femme. Le public de la Première prit très bien la chose, mais la vertueuse Presse du lundi nous traîna, Bergerat et moi, dans une boue, qui devait se transformer en parterre de fleurs pour *Monsieur Alphonse*. Feu Édouard Fournier, en particulier, demanda contre nous l'intervention du bras séculier. Paix à son âme, mais elle aurait tort de compter sur mes prières !

Eh bien ! nous n'avions que ce que nous méritions !

Il est vrai que toute la pièce roulait sur la

monstrueuse industrie de ce polisson. Mais un excellent homme dont je n'oublierai jamais la courtoisie et qui était alors à la censure, nous avait dit, à Bergerat et à moi :

— Mes pauvres enfants, est-ce que vous ne pourriez pas donner un autre vice à votre principal personnage ? En faire, par exemple, un voleur au lieu d'un...?

Ah ! nom de Dieu ! comme disait M. Lacressonnière, est-ce embêtant de ne pouvoir se servir d'aucun mot clair maintenant !

M. Pacot, lui, avait résolu que Phèdre eût un autre vice que l'amour de son beau-fils.

On peut aller loin en cherchant les analogies, mais on n'ira jamais plus loin que Sainte-Beuve qui, à propos de cette même *Phèdre*, a trouvé que c'était l'amour de Racine pour la Champmeslé qui lui avait inspiré les superbes élans de passion de l'adultère épouse de Thésée. Je cite, tant c'est étonnant : « Son propre cœur, dit-il à propos de Racine, *lui expliquait celui de Phèdre ;* et si l'on suppose, ce qui est vraisemblable, que ce qui le retenait malgré lui au théâtre était quelque attache amoureuse dont il avait peine à se dépouiller, *la ressemblance* devient plus intime et peut aider à faire comprendre tout ce qu'il a mis dans cette circonstance de déchirant, de *réellement senti,* et de plus particulier qu'à l'ordinaire dans les combats de cette passion. »

M. Pacot, lui, n'allait pas si loin dans le chemin de la fantaisie. Il avait transformé Phèdre en une princesse simplement ambitieuse et qui dénonçait Hippolyte, à son père, dans le but naïf de faire hériter son propre fils. Il s'était contenté d'adopter les visées d'Œnone sur toute cette affaire. Quant au faux crime d'Hippolyte, il était devenu un simple acte de désobéissance à la volonté de Thésée.

Se basant fort habilement sur ce vers dit par la même Œnone :

> Il a pour tout le sexe une haine fatale

qui n'est lui-même qu'une traduction du fameux

> Genus omne fugit. Pellicis careo metu

de Sénèque, il avait donné à Hippolyte un jeune camarade nommé *Arice,* fils d'un roi dépouillé par Thésée et que ledit Hippolyte s'obstinait à fréquenter et à combler de prévenances, nonobstant la défense paternelle.

Vous voyez qu'ainsi presque rien n'était changé à la marche de l'action. Il y avait bien par-ci, par-là quelques vers à retoucher, mais notre maître l'avait fait avec délicatesse extrême. Quoi de plus aisé, par exemple, que d'écrire :

> Je reconnus Plutus et ses jeux redoutables !

au lieu de :

> Je reconnus Vénus et ses feux redoutables !

Même euphonie ! Et cela explique bien mieux ce vers d'Œnone :

> Votre flamme devient une flamme ordinaire.

En effet, rien de plus commun que l'amour des richesses et du pouvoir ! M. Pacot en était arrivé à se convaincre qu'il avait mieux compris la pensée intime de Racine que Racine lui-même dont l'imagination malade des commentateurs avait transformé indécemment la conception première. Ce n'était plus lui-même que le grand tragique avait peint dans *Phèdre*, comme l'avait si plaisamment découvert Sainte-Beuve, mais Frédégonde, si vous voulez, ou telle autre princesse voulant faire régner sa lignée à tout prix.

C'était déjà moins ridicule, avouez-le !...

Mais la perle de cette écrin (on dit aujourd'hui : la perle de cette partition, mais la pièce de maître Pacot était sans musique !) c'était la transformation de la scène d'amour entre Hippolyte et la princesse Aricie en un entretien amical entre le même Hippolyte et son copain Arice, le jeune polisson avec qui son père lui défendait de jouer aux billes. M. Pacot était arrivé à respecter encore, à fort peu près, le texte. Ici, j'arrête mes citations. Vous n'êtes pas gens assez naïfs pour que je les risque devant vous. Et cependant pas un vocable douteux ! pas une seule fois : amour !

Vous voyez bien que vous avez tort de proscrire les mots, puisque toutes vos périphrases deviennent des nids à sous-entendus malhonnêtes !

Je racontais, un jour, devant un impresario qui avait beaucoup couru le monde, comment M. Pacot avait arrangé *Phèdre* et transformé Aricie en Arice.

— Mais, me dit-il sans s'étonner, c'est ainsi que nous jouons la pièce à Constantinople.

O mânes innocents de maître Pacot !

XIX

LE BAPTÊME DU « FOUDROYANT »

C'était un curieux petit homme que M. Van den Plottlabonn, le locataire de la villa qu'un long mur, tout tapissé de lierre, séparait de la propriété de ma vieille tante Marguerite. Ce Hollandais d'aspect débonnaire, aux cheveux jaunes et aux yeux de faïence humide, n'élevait pas des tulipes comme ses compatriotes de Haarlem, mais ne s'en livrait pas moins aux délices de la culture dans son immense jardin. Une seule plante était, au reste, l'objet de ses soins, mais il en possédait toutes les variétés, même les plus rares. De longues et patientes études l'avaient conduit à la considérer comme un remède souverain, comme une panacée universelle. Ce que feu Raspail avait voulu faire du camphre dans la médecine populaire, M. Van den Plottlabonn voulait le répéter avec l'ans. Comme son célèbre concurrent, il avait d'ailleurs une théorie laborieusement échafaudée pour justifier son dire. Raspail avait imaginé que nous étions rongés tout vivants par des myriades d'imperceptibles parasites que le camphre incommodait au point d'en paralyser l'action destructrice. A entendre M. Van den Plottlabonn, c'était par une infinité de gaz microscopiques et délétères que nous étions intérieurement travaillés, et personne n'ignore que l'anis n'a pas son pareil pour l'expulsion de ces vapeurs animales dont le parfum même donne une si médiocre idée. L'ingénieux savant attribuait chacune de nos maladies au développement excessif d'une certaine nature de ces gaz qu'il avait classés suivant dix-sept catégories d'après leurs propriétés expansives et odoriférantes. A chaque nature de gaz correspondait une variété d'anis particulièrement propice à sa police. Car il les connaissait toutes, depuis la *badiane* ou anis étoilé qui ressemble à une bête marine ; jusqu'au *cumin* ou anis aigre dont il est parlé dans Théocrite; jusqu'à la graine de *fenouil* que les ignorants se laissent donner pour du véritable anis. De son parterre étaient soigneusement exclus l'orgueil des lis et le charme des roses. Toute la place y était accordée à l'ombellifère précieuse, du genre « boucage », dont j'ai rappelé le nom populaire et les bruyantes vertus. Inutile de dire que, maniaque et défiant, comme tous ceux qui ont fait ou cru faire une découverte, notre voisin ne laissait entrer presque personne dans sa propriété, laquelle communiquait avec celle de ma tante Marthe par une seule petite porte basse toujours fermée par un verrou double.

C'en était assez pour que ma cousine Guillemette et moi n'eussions pas d'autre idée que de pénétrer par la ruse dans le jardin de M. Van den Plottlabonn.

Une solennité considérable jetait déjà, depuis quelques jours, une grande perturbation dans ce tranquille pays. L'époque des élections approchait et M. Bridet-Potin de la Jeannière, un légitimiste rallié à l'empire, commençait à chauffer ferme sa candidature dans les environs. Il y faisait distribuer une petite image sur laquelle il était représenté dictant, à l'empereur assis, la série des bureaux de tabac à accorder dans le canton. Mais M. de la Jeannière avait imaginé mieux encore. Le chef-lieu de l'arrondissement possédait une compagnie de sapeurs-pompiers modèle. Or, il était revenu à l'apprenti-député que ces braves injecteurs d'eau claire avaient conçu l'ambition secrète d'être transformés, à l'occasion, en artilleurs maniant de véritables pièces pour la défense du pays. Immédiatement il avait formé le projet de leur offrir un canon, à propos de la fête patronale, la Saint-Papoul, qui allait avoir lieu. Le bruit de ce don superbe s'était répandu dans toute la contrée et l'enthousiasme était à son comble. Des affiches donnaient déjà des détails sur l'importante cérémonie qui devait le consacrer aux yeux des populations éblouies. Un baptême viril, avec du beau vin clair d'Étioles et de Mennecy, deux crus renommés à dix lieues à la ronde, devait être octroyé à la coulevrine municipale. Quant au nom qui lui serait donné, il était déjà connu. Elle devait s'appeler : *Le Foudroyant*.

Quel pèlerinage de tous les environs vers le lieu de cette fête magnifique ! Tout le monde était dans la joie ; on avait ajouté deux cerises neuves au chapeau de paille de Guillemette et je devais étrenner, moi-même, une culotte de coutil d'une nuance lilas tout à fait galante. Seule, Mlle Zoé, la nièce du chanoine, était mélancolique

Une légère atteinte de goutte l'induisait en une claudication qui n'ajoutait pas à ses charmes.

— A votre place, lui disait ma tante Marthe, je louerais l'âne de la mère Toutin et je ferais tranquillement une promenade jusqu'à la ville dessus.

Mais la vieille fille minaudait. La tête pleine de gravures de 1830, elle eût rêvé de chevaucher sur une brillante haquenée, avec un hennin sur le chef et suivie d'un page en collant et jouant sur la mandoline :

> Loys disait à pauvre Tourangèle...

O poésie des temps écoulés !

Il avait bien fallu cependant se contenter de la bourrique de la mère Toutin, seule monture facile à racoler dans les environs. Eh bien ! quoi ! elle avait l'air fort avenant, cette bourrique avec ses longues oreilles de velours gris-perle, son humide naseau noir toujours reniflant, ses bons yeux débonnaires ; sa robe était bien un peu poudreuse sur le dos, et ses sabots inégalement usés avaient bien l'air de chaussures éculées. Sa queue était à fort peu près chauve. Mais, à ces misères-là près, c'était encore une bonne bourrique, têtue comme une femme et gourmande comme un médecin. D'ailleurs, Notre-Seigneur, qui était pour le moins un aussi grand personnage que Mlle Zoé, toute nièce d'un chanoine qu'elle était, n'en avait pas demandé davantage pour entrer à Jérusalem, ville infiniment plus considérable que notre chef-lieu d'arrondissement. On fut donc, dès la veille, emprunter le pacifique animal à la vieille laitière. Le lendemain matin, Guillemette et moi, nous nous levâmes dès l'aube pour aller jouer avec lui. Ma cousine lui mit une longe et commença à le promener... voire même à se promener elle-même dessus. Moi, je suivais galamment, une branche d'aubépine à la main. Quel hasard malencontreux nous conduisit jusqu'à la poterne qui pouvait s'ouvrir sur le jardin de M. Van den Plottlabonn? Toujours est-il que Guillemette, en montant debout sur la croupe du baudet, put, avec son ombrelle, tirer le verrou du côté de notre voisin. Moi je le tirai du nôtre et la porte roula sur ses gonds rouillés avec un bruit de girouette enrouée.

Au même instant la bourrique, prenant son

galop, jeta Guillemette à terre et se précipita les oreilles en avant dans la plantation d'anis de l'infortuné horticulteur. Heureusement que celui-ci n'était pas encore réveillé! Pendant que je relevais Guillemette, la bête fourragea avec un appétit d'enfer, et il nous fallut bien un gros quart d'heure pour nous en rendre maîtres, en courant nous-mêmes à travers les ombellifères profanées de M. Van den Plottlabonn.

Nous eûmes bien soin de refermer la porte derrière nous en rentrant.

Trois heures après, nous arrivions à la ville, escortant Mlle Zoé qui avait enfin consenti à se jucher sur le dos de l'âne, lequel ployait sous les charmes abondants de la nièce du chanoine. Il était temps, car la cérémonie commençait. Un verre de vin rouge dans sa main gantée, M. de la Jeannière trinquait avec M. Sésostris, le capitaine des sapeurs-pompiers, et tous deux ensuite versaient solennellement les dernières gouttes de pourpre du liquide sur la culasse luisante du *Foudroyant*, aux hurrahs de la foule. Puis le plus vieux des sapeurs-pompiers s'avança une mèche à la main et, tandis que ses camarades écartaient la foule impatiente des curieux, il se mit en devoir d'allumer, suivant les traditions primitives de ce temps-là, la traînée de poudre qui serpentait aux abords de la lumière de la pièce. Un grand silence s'était fait.

Conticuere omnes intentique ora tenebant,

comme dit Virgile, au livre second de l'*Énéide*... Ce recueillement avait quelque chose de religieux. Cependant, la poudre mouillée par les larmes de vin maladroitement jetées, fusa piteusement, sans enflammer la charge, et ce fut d'un tout autre endroit que la gueule du canon que sortit une détonation formidable. Tous les regards se portèrent immédiatement sur le point d'où ce vacarme était parti, vers Mlle Zoé, rouge comme une tomate. Car c'était la satanée bourrique de la mère Toutin, sur qui l'anis imprudemment brouté venait de produire ce premier et redoutable effet. Un immense éclat de rire s'éleva autour de la malheureuse demoiselle et de sa monture. Mais ce fut bien pis quand à ce simple salut militaire succéda un véritable feu soutenu, une canonnade en règle. La queue droite et horizontale comme l'archet d'un chef d'orchestre qui va battre la première mesure d'un morceau, les flancs tour à tour

LE BAPTÊME DU « FOUDROYANT » 173

gonflés et détendus comme le ventre d'un soufflet de forges, les oreilles en pointe et les naseaux grands ouverts, l'animal exhalait cette tempête avec une solennité tranquille, jusqu'à ce que, épouvanté de son propre bruit, il prit sa course en ruant et en secouant de la plus déplorable façon son amazone épouvantée. Alors la place tout entière, une de ces places de petite ville où foisonnent les cohues, aux fêtes nationales, se rua dans la rue que l'âne avait prise, le poursuivant, l'excitant, cherchant à le rattraper, se tordant, et laissant en plan M. de la Jeannière indigné, à côté de son canon toujours inutilement chargé. Les sapeurs-pompiers eux-mêmes avaient déserté et, comme Bourbaki à Solférino, avaient couru au bruit, s'éloignant de la naturelle artillerie du baudet.

Quand on put mettre la main dessus, Mlle Zoé était presque évanouie.

Ce ridicule accident eut les plus graves conséquences. D'abord on se moqua beaucoup de M. de la Jeannière, qui ne fut pas nommé ; puis M. Van den Plottlabonn, le pacifique Hollandais, ayant reconnu qu'on avait ouvert la poterne, fit un procès à ma tante Marthe. Enfin, Mlle Zoé ne put plus s'asseoir, de sa vie, que sur des ronds de cuir. Tout cela grâce à vous, damnée Guillemette, et parce qu'il vous avait plu, petite folle, de monter debout sur un âne pour tirer le loquet du voisin ! Il est vrai que vous m'accusâtes généreusement de ce méfait, et sortîtes de l'instruction qui fut faite à ce sujet blanche comme une tourterelle. Sachez cependant, madame la présidente, que vous interrompîtes net les utiles travaux du vénérable Van den Plottlabonn, et que s'il meurt encore, tous les jours, des gens atteints de dyspepsie, c'est vous qui en êtes la cause unique, ayant tué dans son germe le remède à leurs maux.

En revanche, la bourrique de la mère Toutin vécut dix ans de plus, grâce à ce traitement.

XX

LE FEU GRÉGEOIS

Un soir d'août que nous nous promenions, ma cousine Guillemette, et moi, le long de l'étang, ce qui nous était d'ailleurs parfaitement défendu par notre tante Marthe, il nous sembla que, par places, de petits bouquets de vapeur blanche montaient de la surface de l'eau dormante. On eût dit de légers flocons de fumée ou de tout petits nuages qui se fondaient aussitôt dans la tiédeur de l'atmosphère.

— Ah! mon Dieu! fit tout à coup Guillemette avec terreur.

Et elle me montrait, du bout de son doigt rosé, qu'une de ces aquatiques exhalaisons s'était transformée en flamme bleue.

Je tentai de la rassurer en niant ce phénomène, qui, au fond, ne m'épouvantait pas moins qu'elle.

— Quelque étoile, lui dis-je d'une voie tremblante, dont l'image scintillante t'aura fait croire cela.

Mais bientôt une seconde lueur, pareille à la première, s'alluma et se mit à courir sur le flot pour s'évanouir de même ; puis d'autres, qui rayèrent en différents sens l'uniforme largeur du petit lac.

Nous étions si émus que nous n'osions plus parler. Le bruit des roseaux que les premiers souffles de la nuit emplissaient de frisssons nous parut accompagner, comme une musique surnaturelle, la danse de ces feux follets.

— De pauvres âmes pour qui l'on n'aura pas prié ! dit Guillemette.

Et elle se mit à genoux dans l'herbe fraîche, d'où monta le lourd bourdonnement d'une phalène, par quoi notre effroi fut encore augmenté.

— Allons-nous-en, dis-je à mon tour, quand elle eut refermé sur ses mignonnes épaules nues son grand signe de croix.

Et nous nous mîmes à courir comme des fous dans la direction de la maison.

Nous rencontrâmes, avant d'arriver, la mère Toutin en train de se disputer avec son âne. L'apparition de ces deux créatures vivantes nous ramena dans le monde réel et nous fit grand bien. Guillemette n'hésita pas à lui conter ce qu'elle venait de voir, et l'impassibilité de la paysanne, à son récit, nous rendit quelque assurance.

— Et c'est la première fois que vous voyez cela, mes enfants? nous dit-elle quand Guillemette eut fini.

— Oui, Dieu merci !

— Eh bien ! ça n'est pas si rare que ça. Ça arrive toutes les fois qu'un usurier meurt dans le pays. C'est bien sûr le père Raclevent, l'huissier de Mennecy, que le diable aura rappelé à lui.

Et, s'asseyant sur un talus de verdure que son âne broutait jusque entre ses jambes aux bas reprisés, la mère Toutin nous raconta comment Dieu punissait les fesse-mathieux qui oppriment les pauvres gens et poursuivent impitoyablement les débiteurs malchanceux, comme le faisait ce sacré père Raclevent, redouté à dix lieues à la ronde. C'était bien simple, vraiment, et le Père Éternel ne s'était pas mis en grands frais d'imagination à ce sujet. A peine la vilaine âme de ces damnés était-elle sortie, avec un bruit déplaisant, de leur corps rabougri, qu'une puissance invisible la traînait au bord d'une rivière et l'y plongeait pour la nettoyer un peu. Alors commençait son supplice. Des billets à ordre échus, des lettres de change impayées lui apparaissaient et se mettaient à courir, avec l'eau, devant elle. Au moment où elle allait les saisir avec avidité, ces petits papiers s'enflammaient et lui brûlaient les doigts.

— Les âmes ont donc encore des doigts? objecta Guillemette.

— Certainement, lui dit la mère Toutin.

— Même avant la résurrection des corps ?

— Dieu leur en prête probablement jusque-là pour vaquer à leurs occupations et tirer, par exemple, par les pieds, les mauvais parents qui leur refusent des messes. Ohé ! Gaspard, où donc fourres-tu ton museau ?

Et repoussant vigoureusement la tête de son âne, la mère Toutain se rehissa dessus en grommelant :

— N'y a rien de si cochon que ces bêtes-là !

Et elle lui administra un bon coup de trique, lequel enleva l'animal dans un temps de galop superbe.

Son histoire nous avait paru absolument raisonnable, à Guillemette et à moi.

Malheureusement, dès le lendemain matin, la première personne que nous rencontrions en allant au cours de M. Pacot, c'était le père Raclevent. Il n'en fallait pas davantage pour jeter à terre la légende de la mère Toutin.

— Si nous demandions à M. Pacot? me dit Guillemette. Lui qui sait tout?

Le fait est que M. Pacot était un homme dont on ne surprenait jamais la science. A peine sut-il notre cas :

— Quoi, mes enfants, nous dit-il, vous êtes surpris pour si peu? Vous n'ouïtes donc jamais parler du feu grégeois?

Et avant que nous eussions eu le temps de lui avouer notre ignorance :

— Le feu grégeois, continua-t-il, avec autant d'assurance que s'il lisait l'épître au lutrin, remonte à la plus haute antiquité. Les Grecs l'appelaient *feu mède,* sans doute à cause de son origine orientale, *feu maritime* à cause de ses propriétés merveilleuses, *feu énergique* à cause de ses terribles effets, et enfin *feu liquide* à cause de l'état dans lequel ils l'employaient. Mais ce n'est qu'en 673, pendant le siège de Byzance par le calife Moaviah, que l'ingénieur syrien Callinicos l'introduisit en Europe. Son rôle fut considérable pendant les guerres des croisades, et le bon sire de Joinville a immortalisé dans ses chroniques l'usage effroyable qu'en faisaient les Sarrazins contre les défenseurs du tombeau du Christ. L'historien Michaud a déclaré que, loin de l'éteindre, les eaux de la mer ne faisaient qu'augmenter son activité. Sa composition est donnée dans le *Livre de Cannonnerye*, imprimé à Paris, eu 1561. Vous voyez donc, mes enfants, conclut M. Pacot, qu'il faut être ignorants comme des carpes pour s'étonner que le feu brûle dans l'eau.

— Mais, objecta Guillemette, nous n'étions pas aux croisades hier au soir et personne ne jetait dans l'eau ce que nous y vîmes brûler !

— Croyez-vous donc, mademoiselle, riposta sévèrement M. Pacot, que la nature, dont Dieu règle les moindres actions, soit moins puissante que les hommes et incapable de faire aussi bien qu'eux ? Maintenant, mes enfants, que j'ai dissipé vos sottes terreurs, revenons à la simple grammaire. Dans cette phrase, mademoiselle Guillemette : « Jésus aima le monde », où est le verbe ?

— C'est Jésus, répondit immédiatement Guillemette.

— Croyez-vous ? reprit M. Pacot avec un air d'ironique incrédulité.

— Certainement, puisque le Fils de Dieu est appelé : le Verbe. dans l'Évangile.

— Vous avez raison et ça peut se comprendre comme cela.

Moi, je réfléchissais pendant ce temps-là à la prodigieuse érudition de M. Pacot.

— Votre M. Pacot est un âne, nous dit, le dimanche suivant, le cousin Adhémar à qui nous avions voulu faire avaler l'histoire du feu grégeois.

Or, en ce temps-là, notre cousin Adhémar faisait ses mathématiques spéciales, et ses connaissances en chimie nous inspiraient le plus grand respect.

— Dimanche prochain, ajouta-t-il, je rapporterai du laboratoire où je chipe régulièrement des produits, tout ce qu'il faut pour composer devant vous un mélange inflammable au seul contact de l'eau.

Ah ! la semaine nous parut longue.

Elle prit fin cependant, comme toutes les autres semaines. Quand Adhémar revint, il nous montra derrière son dos, pour se cacher de nos parents, des fioles, des petits paquets et une cornue.

— Demain, nous dit-il tout bas, à cinq heures du matin, dans la chambre bleue !

La chambre bleue, sise au troisième étage de la maison de la tante Marthe, était une pièce généralement inoccupée, réservée aux amis de passage et que nous choisissions toujours quand nous avions quelque sottise à faire, loin des regards des gens sensés.

— Sachez, petits imbéciles, nous dit le cousin Adhémar, en ouvrant avec précaution une petite bouteille dans laquelle flottaient des bâtons vitreux de phosphore, et en étalant sur un papier de petites boulettes de chaux, que tous les phosphures alcalino-terreux se décomposent, au contact de l'eau, en hypophosphites alcalins et en hydrogène phosphoré, gaz dont la propriété est d'être spontanément inflammable. Je vais préparer devant vous du phosphure de calcium dont la formule est CaP, le plus simple de ces corps merveilleux.

Et, tandis que nous observions le plus respectueux silence, Adhémar, avec mille précautions, tint sa promesse et obtint le phosphure de calcium demandé.

— Mon Dieu ! cria Guillemette... on monte.

On montait, en effet. Nous étions perdus. Adhémar fourra dans la cheminée tout ce qu'il put et referma la plaque. Pendant ce temps, ayant ouvert la table de nuit, je précipitai dans le vase que les Grecs appelaient *Amis* (ce que nous traduirons par : *de chambre*) les restes du phosphure de calcium préparé.

On ne vit rien. Mais nous fûmes joliment grondés tout de même, et ma tante Marthe en personne prit et mit dans sa poche la clef de la chambre bleue.

Quinze jours après, environ, on annonça l'arrivée du docteur Louffard, qui venait passer un mois, à la campagne, pour se remettre des fatigues d'une douloureuse opération, non pas faite, mais subie par lui — car quelquefois la Nature nous venge des médecins en les atteignant des maux qu'ils entretiennent parmi nous pour gagner leur vie à nos dépens. Donc le docteur Louffard, tout frais échappé aux douceurs de la lithotritie, allait demander au bon air et au lait exquis de la mère Toutin le rétablissement de ses forces. — On l'installa dans la chambre bleue, après lui avoir fait grande fête.

Il était onze heures du soir et tout le monde commençait à reposer dans la maison quand, de ladite chambre bleue, des cris épouvantables sortirent. En même temps, un bruit de pas dans l'escalier, — un affolement de toute la maison se ruant au troisième. — Guillemette et moi, en chemise, comme tout le monde, nous nous y précipitâmes.

Un spectacle terrible s'offrit à notre vue.

Le docteur Louffard affolé, pareil à lady Macbeth dans le pitoyable tableau du Luxembourg, collé au mur dans une pose indicible de terreur, montrait du doigt son vase de nuit à terre, flambant positivement avec des pétillements épouvantables et projetant des nuages de fumée.

— Le diabète détonant! J'ai le diabète détonant! murmurait-il d'une voix étouffée.

Il faillit mourir de cette peur. Le lendemain eut lieu une consultation qui conclut, en effet, à une crise de diabète détonant, fort heureusement conjurée par les ressources d'un tempérament exceptionnel.

— Nous devrions dire la vérité, dis-je à Guillemette.

— Pour nous faire gronder, merci! répondit l'aimable enfant.

Le lendemain, nous rencontrâmes la mère Toutin.

— Ça n'est pas surprenant, dit-elle, ce qui est arrivé au docteur. Le père Raclevent est mort cette nuit.

XXI

LE BALLON VIVANT

— Oui, mademoiselle, l'instrument grossier que nos pères consacraient aux libations intérieures a vécu ; ce cylindre ridicule et son piston chanvré ne figureront plus que dans les musées d'antiquités. Avec eux disparaîtront, j'espère, les plaisanteries surannées qui, depuis Molière, poursuivent les petits-fils de M. Purgon. Chacun étant devenu son propre apothicaire, personne n'aura plus envie de trouver les apothicaires grotesques.

— Moi, je les ai toujours trouvés sublimes. Mais je sais qu'il y a des gens qui ne peuvent pas les voir en face.

— L'invention nouvelle dont j'ai l'honneur de vous entretenir figurera parmi les plus belles de ce siècle, je dirai même parmi les plus fécondes, ses résultats étant précisément de ceux qui entretiennent la fertilité dans un pays. Le nom de l'auteur de cette découverte devrait être inscrit, en lettres d'or, sur toutes les fontaines publiques.

— C'est très compliqué, n'est-ce pas ?

— Simple comme un joujou de Nuremberg ! On en ferait une amusette délicieuse pour les enfants, si ces petits mâtins n'avaient pas l'habitude de tout fourrer dans leur bouche.

— Je ne peux pas m'imaginer...

— Si vous aviez été en Orient, la chose vous sauterait aux yeux.

— Je vous remercie bien. Ce n'est pas là que j'ai coutume de m'en servir.

— C'était une façon de parler. Quand le Turc veut fumer, il s'accroupit. Devant lui est posé un réservoir auquel s'emmanche un long tube que termine un bout de matière moins flexible, en ambre, par exemple, qu'il s'introduit entre les lèvres. Vous opérez absolument de même ; seulement, ce n'est plus avec les dents que vous saisissez l'extrémité de l'objet. Vous le glissez...

— Assez, docteur Monfessier, vous oubliez que je suis une femme...

— Au contraire, mademoiselle Zoé, car il comporte un double usage...

— Assez, vous dis-je. Je me méfie ordinairement, vous le savez, des progrès de la science. Le plus souvent, ils cachent l'œuvre ténébreuse du Malin Esprit, et, par avance, je leur trouve toujours une odeur de roussi.

— Quant à l'odeur, vous en avez bien moins...

— Il suffit, vous dis-je. Je tiens à mes meubles de famille et n'ai point envie de sacrifier aux faux dieux.

Ainsi causaient un jour, sous le grand quinconce de tilleuls, le docteur Monfessier et mademoiselle Zoé, la nièce du chanoine.

Guillemette et moi, qui jouions derrière la haie dont l'allée était bordée, n'avions pas perdu un seul mot de leur entretien. Malheureusement ils s'étaient éloignés.

Quand un tour suivant de promenade les ramena, il me parut que le docteur avait fait des progrès dans sa propagande, et que la fidélité de Mlle Zoé aux reliques du foyer avait molli sensiblement.

— J'en apporterai un samedi, en venant de Paris, disait M. Monfessier. Vous ne me refuserez pas de l'essayer, que diable!

— Mais je ne saurai comment m'y prendre! répondait Mlle Zoé.

— Il y a une instruction dans la boîte, mais vous n'en aurez même pas besoin. A quelle heure avez-vous accoutumé de rafraîchir votre teint?

— Tous les jours à six heures du soir.

— Avant le dîner? Vous avez raison. C'est un apéritif excellent et qui n'a pas les mêmes inconvénients que l'absinthe. Eh bien! vous me permettrez de monter, à six heures moins cinq, dans votre cabinet de toilette. (On permet tout aux médecins!) J'apporterai de l'eau à la température la plus caressante. Un instant après, vous n'aurez plus qu'à introduire l'ambassadeur, comme on dit dans les cours, et à faire marcher avec vos doigts une petite pompe qui se trouvera précisément sous votre main.

— Fi! l'idée que quelqu'un pourrait m'apercevoir!

— Nous sommes fin octobre et, à cette heure-là, il fait presque nuit. D'ailleurs, vous avez l'habitude de vous enfermer, je suppose...

— C'est si vite fait avec l'objet de vos dédains!

— Vous éteindrez toute bougie ; la demi-obscurité donne un charme tout mystérieux à ce genre d'opération.

Ils s'éloignèrent de nouveau.

— Nous nous cacherons dans le cabinet de Mlle Zoé, samedi, me dit Guillemette, pour voir le docteur arranger son invention.

— Mais si Mlle Zoé nous y surprend ensuite ?...

— Nous tâcherons de filer avant qu'elle arrive.

Le samedi suivant, à quatre heures, le docteur Monfessier arrivait de Paris avec une boîte sous le bras.

Le temps nous parut long, à Guillemette et à moi, jusqu'au moment tant attendu. Depuis cinq heures et demie, nous étions blottis, tous deux, dans le cabinet de toilette de Mlle Zoé, derrière les peignoirs que la respectable demoiselle avait l'habitude d'y accrocher. A six heures moins un quart, M. Monfessier y fit son entrée. De l'enveloppe qui nous avait si fort intrigués et dont on aurait pu faire une bière pour un chat de moyenne taille, il tira une façon de petit bassin rectangulaire en métal, au milieu duquel se dressait verticalement un petit cylindre brillant dans lequel se mouvait à frottement doux un piston, et portant attaché à sa base un cordon annulaire creux terminé par un bout d'ivoire. Le docteur Éguisier, ce Messie du clystère, n'était pas encore venu. On en était donc à l'enfance de l'art, à la simple pompe aspirante et foulante des physiciens! Pouah! je serai toujours honteux d'avoir vécu dans un pareil temps de barbarie!

M. Monfessier versa de l'eau tiède dans le réservoir, fit mouvoir le piston, obtint un jet qu'il interrompit aussitôt, et, la pièce ainsi amorcée, sortit d'un air triomphant, de l'air d'un artilleur qui vient de régler son tir.

A peine avait-il tourné les talons que Guillemette se précipita sur l'instrument avec une curiosité féroce et, avant que j'eusse pu l'en empêcher, saisit le piston qu'elle agita furieusement. Le jet recommença, se perdant dans les rideaux, avec un bruit de pluie d'orage.

— Assez! assez! lui criai-je.

Mais, comme une petite folle, et trouvant la chose prodigieusement amusante sans doute, elle continua si bien qu'un gargouillement sinistre nous avertit bientôt qu'il n'y avait plus une seule goutte d'eau dans le réservoir. A ce moment, précisément, Mlle Zoé fit son entrée à son tour, et avec une rapidité qui ne nous permit, à Guillemette et à moi, que de nous réfugier, une seconde fois, derrière ses robes de chambre, en attendant les événements.

Fidèle aux instructions du docteur, elle se contenta de la demi-obscurité de la pièce où le jour d'automne achevait de mourir, et, sans chercher à comprendre le jeu de l'appareil, elle fit docilement ce que lui avait indiqué son Mentor. Elle pompa beaucoup et longtemps.

— C'est charmant, fit-elle à demi-voix, en déposant les armes. On n'a même pas l'impression de l'eau.

— Eh bien? lui dit tout bas le docteur, un instant avant qu'on se mît à table.

— C'est très agréable et très rafraîchissant, mais rien ensuite! lui répondit Mlle Zoé moins haut encore.

— Quoi, rien?

— Si — une impression toute particulière. — Il me semble que je ne pèse presque rien et que mes pieds posent à peine sur le sol. Un peu plus, je me croirais des ailes.

Je regardai Mlle Zoé. Moins que jamais elle ressemblait à un sylphe. Il me parut, au contraire, qu'elle avait pris un embonpoint inaccoutumé.

— J'ai un peu froid, fit-elle au docteur.

— Approchez-vous un instant du feu ! lui répondit affectueusement celui-ci.

Et Mlle Zoé se dirigea vers la haute cheminée dans laquelle flambait un de ces feux improvisés de la saison qui égayent et attristent à la fois, parce qu'ils apportent dans leur flamme la première consolation de l'hiver et emportent, dans leur fumée, le dernier souvenir de l'été.

Alors se passa un phénomène vraiment extraordinaire.

La prodigieuse quantité de gaz que la pauvre demoiselle avait absorbée, en pompant dans l'appareil à vide, obéissant aux lois naturelles de la dilatation, sous l'influence de la chaleur, elle commença de se gonfler comme une montgolfière. Sa peau se tendit de façon à devenir luisante comme une agate ; ses membres se raidirent en se boudinant, comme les pattes des animaux en baudruche pendus aux boutiques des marchands de jouets; la respiration lui manqua et, comme si un zéphyr inconvenant lui eût soufflé sous les jupes, elle s'enleva, les yeux écarquillés et sans pousser un cri, jusqu'à ce que sa tête vînt cogner doucement au plafond, tandis que ses jambes en X grand ouvertes offraient le spectacle le moins seyant.

L'étonnement de tous fut tel devant cette ascension que toutes les paroles expirèrent sur toutes les lèvres.

Seul, l'héroïque docteur Monfessier ne perdit pas la tête et, grimpant rapidement sur une chaise, prit à bras le corps la pauvre Mlle Zoé, en lui serrant doucement et insensiblement le ventre contre son sternum, à lui. Cette pression salutaire fit trouver à l'air dilaté et comprimé en même temps une issue qu'il eût dû découvrir depuis longtemps, s'il avait eu un peu d'esprit et un peu de connaissance de l'anatomie. Mais que demander à un simple mélange d'oxygène et d'azote? Bref, cette porte naturelle s'ouvrant enfin devant lui, cet idiot de mélange commença enfin à s'échapper, d'abord avec un petit bruit pareil à celui d'un bec de gaz quand l'eau du compteur fait des siennes, puis avec une sonorité plus stridente imitant assez le long soupir d'une flûte, puis avec des sons rapprochés et successifs comme les coups d'une canonnade lointaine, enfin avec des grondements de tonnerre et des effondrements de cataracte.

— Madame est servie, dit le domestique de ma vieille tante Marthe en entrant.

Il avait bien choisi son moment, l'animal! Mlle Zoé, enfin dégonflée et ayant recouvré son poids honorable de quatre-vingt-six kilogrammes, était en train de s'affaisser sur le pauvre docteur qui, perdant l'équilibre, s'écroulait de dessus sa chaise avec son épouvantable fardeau. Quand on courut à son secours, il étouffait positivement sous les jupes de la nièce du chanoine.

— C'est joliment drôle, tout de même, les inventions de la science! me dit avec admiration Guillemette.

XXII

DERNIÈRES VACANCES

Octobre avait jeté sa poussière de rouille sur les grands arbres du jardin de ma vieille tante Marthe ; la pièce d'eau ne reflétait plus qu'un ciel opalin, traversé de rares veines d'azur et rayé de cuivre à l'horizon ; quelques feuilles sèches couraient déjà sur les gazons couchés par les ondées ; les roses trémières elles-mêmes livraient au vent leurs pétales de chair. La grande mélancolie automnale était descendue sur toutes les choses et retentissait dans les appels inquiets des oiseaux voyageurs. Mais ni les merles sautillant sur les menues branches déjà dépouillées, ni les rouges-gorges devenus plus familiers par l'approche de l'hiver, ni les fauvettes dont le sombre plumage se confondait avec les verdures flétries, n'étaient assurément aussi tristes que moi. Vous devinez bien, n'est-ce pas, que cette détresse prématurée ne me venait pas uniquement du deuil souriant encore de la Nature. J'étais à l'âge pour lequel les saisons se succèdent comme les tableaux d'une éternelle féerie, et où l'hiver apparaît comme un grand arbre merveilleux auquel pendent les cadeaux de Noël, les étrennes enveloppées de familiales caresses, et dont les fruits sont des boules de neige aux écrasements étincelants. Les adieux dorés des précédents étés avaient passé dans l'air sans jeter cette ombre sur mon front, si rapidement mêlés aux bienvenues verdoyantes du printemps suivant que je les avais à peine distingués. C'est qu'une nouvelle morose et dont toutes les conséquences m'apparaissaient déjà avec une prophétique netteté aggravait singulièrement, pour moi, l'impression désespérée du ciel obscurci, de l'eau sans joyeux mirage et des tilleuls sans feuillée.

J'avais appris que ma vieille tante Marthe, décidée à passer dorénavant l'année tout entière à Paris, allait vendre ce petit coin de terre qui était comme la patrie de toutes les joies de mon enfance et le berceau de toute cette vie de souvenirs que l'homme commence bien plus tôt qu'il ne le croit! C'était ma première étape dans la route longue aujourd'hui des séparations cruelles. Car j'avais deviné bien vite que je ne reverrais plus que bien rarement ma cousine Guillemette.

J'ai bien souvent cherché depuis à me rappeler comment je l'aimais, cette fillette rose et blanche dont Ève la blonde n'était pas seulement la grand'mère, mais aussi la marraine. Rien de fraternel, en effet, dans le sentiment qui m'attirait vers elle, me soumettait à ses moindres volontés, me faisait son esclave. Tout en moi était d'un amant, excepté cela même qui fait l'amant. Il m'est arrivé de me dire que ces innocentes joies du désir que rien n'assouvit ni ne paye, sont les plus douces du monde et les plus intenses. Elles me font envisager sans terreur la seconde enfance vers laquelle l'homme redescend, au déclin de ses viriles années. Respirer une haleine de femme, en sentant des frissons par tout le corps; deviner sa présence, avant que le bruit de ses pas vous la révèle, à je ne sais quel parfum lointain cent fois plus subtil que celui des fleurs ; s'enivrer du son de sa voix comme d'une musique et boire dans ses moindres regards mille-inquiétudes charmantes ; penser que le monde tout entier, y compris la splendeur du ciel et la gloire des floraisons, ne devrait être qu'un tapis aux pieds mignons de son amie ; adorer ses perfidies réelles à l'égal de ses imaginaires perfections... je vous assure que tout cela constitue un état de l'âme tout à fait enviable et auquel rien n'est supérieur ici-bas. Les hommes qui s'en contentent, à une certaine époque de la vie, passent généralement pour des imbéciles. Moi, je les considère, au contraire, comme des raffinés.

Eh bien ! il y avait quelque chose de tout cela, — au raffinement près, que mon inexpérience complète ne comportait pas, — dans l'affection si vive, si jalouse, si sensuelle dans sa pureté apparente, que m'inspirait ma cousine Guillemette. — Oui, ma mie, j'étais parfaitement amoureux de vous, n'en déplaise à votre président de mari. Et ce magistrat sans entrailles condamne tous les jours, pour adultère, des amants qui n'ont pas goûté avec leurs belles le quart des délices véritables dont votre petite personne fut jadis la source pour moi.

Hélas! en disant adieu à Guillemette, je voyais s'évanouir aussi ce poème vain et charmant des amours, non pas innocentes, mais sans but fatal en marquant tout ensemble le couronnement et la fin. Non pas que j'aie toujours triomphé depuis dans les entreprises qui ont pris la place de ces simples sensations. Je n'ai pas cette fatuité. Beaucoup de coquettes m'ont habilement laissé sur mon appétit ; mais, pour les raisons que j'ai dites plus haut, je ne leur en veux pas. Car elles m'ont donné généralement bien plus de plaisir qu'elles ne l'imaginaient. Pour qui aime vraiment la femme, il n'en faut pas tant d'elle pour être heureux ! Un serrement furtif de main peut vous secouer jusqu'aux moelles. Mais nous sommes idiotement exigeants. Et savez-vous qui nous rend ainsi? Les maris qui ne consentent à être cocus qu'aux conditions prescrites par le code lui-même, dans sa législative brutalité. Eh bien! moi, je ne suis pas si difficile, et si j'étais le possesseur authentique et légitime d'une jolie femme, il me suffirait de la surprendre les lèvres sous les lèvres d'un autre pour me considérer comme un époux parfaitement déshonoré. Je ne sais même pas si, dans le mariage, la flirtation avec un étranger n'est pas une insulte plus grande encore que l'infidélté consommée. En effet, en cette matière, l'injure — si injure il y a, — est surtout dans le désir qui porte vers un autre celle dont vous vous croyez le droit d'exiger l'amour exclusif, ce qui, de vous à moi, est joliment bête et attentatoire au bonheur public. Oui, messieurs, vous avez grand tort d'abord d'avoir cette prétention-là et ensuite de croire qu'il vous faut tant de sacrements que ça pour être trompés !

Mais tout ceci n'est qu'une longue parenthèse. Je reviens au singulier hasard qui fit coïncider ma séparation de Guillemette avec la perte du capital, généralement méprisé dont les adolescents du sexe fort se débarrassent avec fierté. Un rayon de poésie vivante s'envolait donc de mon ciel avec cette capricieuse fillette dont l'image toute nimbée de l'or pâle d'une traînante chevelure traverse encore aujourd'hui mes souvenirs avec des enchantements d'étoile !

O faiblesse de la chair subitement mise à nu

par l'envolée du Rêve ! Ce n'était pas que Céleste, la camériste de Mlle Zoé, ne méritât pas les hommages d'un homme qui fit profession, depuis, d'aimer les luronnes dodues dont l'âme, souvent insuffisante, est, du moins, emmitouflée dans de belles viandes roses. D'elle aussi je me souviens et, de vous à moi, j'ai sacrifié souvent sur l'autel borgne de déesses infiniment moins bien râblées. C'était une fille de Grésivaudan, où les femmes ont des yeux noirs superbes et promènent, avec une nonchalance antique, l'orgueil de formes empreintes du sceau de la race latine. Céleste aussi voyait, avec regret, finir ces mois d'été durant lesquels elle était, infiniment moins qu'à Paris, condamnée à la sempiternelle compagnie de la nièce du chanoine. Elle avait toujours, d'ailleurs, été pleine de prévenances à mon endroit, pour donner de la jalousie peut-être à mon cousin Adhémar qui, après une cour rapide et vraisemblablement heureuse, lui avait, je crois, brûlé la politesse. Le découragement est mauvais conseiller. Comment, au moment même où je me jurais de n'aimer jamais que Guillemette, où j'avais le cœur si plein d'elle qu'il en débordait en larmes amères, me laissai-je si aisément et si

radicalement consoler par Mlle Céleste ? C'est ce
que les imbéciles seuls ne comprendront pas O
fidélité ! fleur artificielle germée dans le cerveau
pernicieux de quelque fou, comme du premier
coup je mesurai ton néant ! Quelle rivalité idiote,
quel antagonisme conventionnel sont donc possibles entre des sentiments si divers ? Quel est
l'être dont le cœur est assez étroit, assez stupide-
ment méthodique et routinier pour avoir jamais
aimé deux femmes de la même façon ? Alors, en
quoi l'amour qu'il porte à l'une fait-il tort à celui
dont il honore l'autre ! C'est comme la jalousie !
Encore une autre « foutaise ! » comme ils disent
à Toulouse. Il faudrait que deux hommes eussent été doués par la nature de deux cerveaux
et de deux cœurs absolument identiques, pour
qu'ils reçussent de la même femme une impression toute pareille. Dès lors, au nom de quoi vou-
driez-vous empêcher un monsieur de goûter
des délices qui ne sont pas prises sur les vôtres ?
Il a bien le droit de demander sa part de rayons
au même soleil que vous, puisqu'il ne vous chipe
pas les vôtres.

Je ne suis pas vraiment fâché d'avoir justifié,
par une bonne page de philosophie pratique, par

une profession de foi sincère et élégiaque, l'apparente contradiction de ma conduite le jour où, le cœur plein du regret de ma cousine Guillemette, je fis ma première faute avec Mlle Céleste.

Hélas ! que de jours, dans ma vie, j'ai la franchise d'en convenir, ont ressemblé à celui-là !

Ce fut le dernier acte de ma vie de galopin. J'avais revêtu la robe prétexte de l'amour qui, comme celle de Nessus, ne se dépouille plus qu'en vous arrachant la chair, lambeau par lambeau. Ces dernières vacances, passées dans la maison de campagne de ma vieille tante Marthe, dans ce calme paysage, furent celles de mon esprit et de mon cœur ; de mon esprit, que les inquiétudes de la science allaient saisir pour longtemps, de mon cœur, que le fouet impitoyable des désirs dont Mlle Céleste m'avait appris la fin, allait faire tourner comme une toupie saignante. Que j'eusse mieux fait de l'attacher un jour à la ficelle de votre cerf-volant ou au bout de votre corde à sauter, ô ma cousine Guillemette !

PETITE HISTOIRE NATURELLE

PETITE HISTOIRE NATURELLE

I

L'HOMME ET LES BÊTES

O saint Antoine !

Du haut du ciel ta demeure dernière,

que l'approche de la Noël doit te rendre mélancolique ! C'est une occasion solennelle pour l'homme de massacrer l'animal méconnu qui fut l'aimable compagnon de ta solitude, qui porte bonheur à la femme et qui est, malheureusement pour lui, la source ineffable de toute charcuterie. Tout le monde devient Hérode pour le massacre de ces innocents. Un grognement épouvantable a été entendu dans tous les Rhama où l'on fait des saucisses. Le sanglier en ricane à pleins boutoirs dans les grands bois et recommence à cette occasion toutes les diatribes de Rousseau sur les dangers de la civilisation.

J'aime trop le jambon (celui de Bayonne surtout) pour me constituer l'avocat... non pas d'office, mais de cuisine, de la bête qui le porte sur elle. Je pardonne donc à mes semblables tous leurs mauvais procédés à l'endroit du cochon, en tant que comestible vivant ; je ne leur en veux que de le calomnier, en tant qu'être social. Sa réputation de malpropreté est tout à fait usurpée. Et la preuve, c'est que ce noble quadrupède adore les bains froids et excelle dans l'art de la pleine eau. Seulement, si vous ne lui mettez pas de rivière à sa portée, il faut bien qu'il renonce à son plaisir favori. Mais allez le voir dans la Creuse et dans le Limousin où il erre en liberté dans les campagnes ! Une bande frémissante de chair rose passe entre les plis d'azur d'un torrent, traînant après elle des palmes d'écume argentée. Vite, vous pensez à Nausicaa et aux nymphes de M. Bouguereau. Vous allez attendre Galatée derrière les saules et vous voyez sortir de l'eau un grave porc ou une sémillante truie secouant, à leurs oreilles, une pluie de perles et portant un petit arc-en-ciel à leur queue en tire-bouchon. Vous dites que le cochon est peu raffiné dans sa nourriture ? Avez-vous donc jamais essayé de lui donner des truffes au lieu de pommes de terre malades ? Il vous sied bien de le nourrir mal et de lui reprocher la modicité de ses goûts ! Donnez-lui donc aussi le choix entre un palais en marbre et sa misérable cabane. Mais non ! Vous aimez bien mieux lui attribuer les vilains effets de votre propre avarice. Le cochon est sale parce que l'homme le tient salement. Et, à mon avis (je ne parle pas de l'amour, bien entendu) :

Le plus cochon des deux n'est pas celui qu'on pense.

Au reste, je me suis aperçu depuis longtemps que nos histoires naturelles étaient de vrais volumes de poésie. Pline et Buffon sont de simples romanciers. Émile Zola seul aurait pu être un naturaliste. Vapereau trouve peut-être cela excessif, mais c'est mon opinion. C'est que j'aime avant tout la nature.

Et ce n'est de ma part qu'un acte de justice ; car ceux qui me connaissent savent qu'elle m'a doué des plus admirables qualités, un peu ternies il est vrai, par les bienfaits de l'éducation, mais toujours prêtes à reluire à nouveau, dès que je me résigne à être mal élevé. Je lui dois surtout une modestie étonnante, et dont je suis légitimement orgueilleux. Je ne suis pas joli, joli, à regarder, si j'en crois le cristal des fontaines. Mais rien n'est menteur comme un miroir, et j'ai eu, je vous le jure, presque autant de succès que beaucoup de gens qui étaient encore bien plus laids que moi. Il est vrai qu'ils étaient aussi plus bêtes, et que la bêtise de l'homme a pour la femme d'ineffables séductions.

Oui, certes, j'aime la nature! Et voilà pourquoi me méfiant horriblement de ceux qui l'ont étudiée avant moi, gens trop lourds dans leurs ouvrages pour ne pas être légers dans tout le reste, — Azaïs es-tu content de moi? — je résolus de faire table rase de toutes les notions antérieurement acquises, et d'observer par moi-même les grandes lois de la vie et de la société, chez les animaux moins insupportables que ceux de mon espèce. Une telle détermination commandait un parti radical : je quittai la grande ville, ses enchantements néfastes et ses stériles plaisirs. Je fus, je dois le dire, infiniment plus regretté au bouillon Duval que chez Tortoni. Mais j'avais renoncé à la vie élégante pour la solide existence des campagnards. J'étais venu chercher, dans le paysage grandiose d'Asnières-les-Bains, la solitude et les hautes impressions qui conviennent à un sérieux zoologiste.

Ah ! mes amis. L'arche de Noé fut bientôt une simple gnognotte auprès de mon musée vivant. Mes voisins m'interdirent, il est vrai, d'avoir de grands fauves dans mon jardin. Mais je tournai la difficulté en faisant tailler en lion la crinière de mon caniche et en zébrant de noir mon chat que toutes les souris prirent immédiatement pour un tigre royal, à en juger par la frayeur qu'il leur causa. Le Jardin d'acclimatation m'ayant refusé un éléphant, j'achetai pour un sou la photographie de M. Batbie. Vous savez qu'elle avait valu cinquante centimes pendant le 16 mai. Encore me fis-je voler, car le marchand m'avoua qu'il me l'aurait donnée pour rien, avec celle de M. Buffet et celle de M. de Cumont par-dessus le marché. Le théâtre les Variétés me prêta quelques ours que M. Bertrand allait livrer aux flammes.

Cela me coûta au moins douze margotins pour les remplacer dans sa cheminée. Après avoir couru les petits théâtres, je renonçai définitivement à avoir des grues. Ce n'est pas qu'il en manquât, mais c'est bien la bête la plus chère qu'il y ait et — anomalie flagrante dans les principes de l'économie politique, — plus il y en a sur le marché, plus elles sont chères. Allez donc me parler, après cela, de vos fariboles de l'offre et de la demande !

A entendre les gens vertueux et les moralistes, personne n'en demande et nous passons notre temps à leur offrir. Je découvris, par exemple, dans le claque d'un vieil académicien une superbe nichée de hannetons. Les bals publics me fournirent quelques grenouilles qui demandaient des rois de cœur. Je trouvai ceux-ci à la Halle, immédiatement reconnaissables à leur joli uniforme vert qui les fait prendre de loin, par les myopes, pour des membres de l'Institut. Car on m'a affirmé que l'Institut avait encore des membres. Et voilà comment, ayant remplacé Pline et Buffon par une ménagerie, je commençai à voir clair dans les grands secrets de la vie animale dont ces farceurs-là nous avaient fait un poème lyrique.

Car c'est une vraie pitié. Croiriez-vous que ces gens à toge et à manchettes n'ont pas même connu le chien ? C'est à croire qu'ils n'avaient jamais été ni l'un ni l'autre à Montargis ! O superficiels observateurs ! Vous avez dit, il est vrai, beaucoup de bien de ce compagnon de l'homme qui flatte particulièrement tous ses vices et toutes ses cruautés ; mais vous nous avez légué, à son endroit, un procédé d'éducation qui est le dernier mot de la naïveté. C'est grâce à vos balivernes sur les instincts perfectibles de ces animaux que, lorsqu'un toutou en bas âge s'oublie dans un appartement, on lui fourre le nez dans son... oubli, en lui claquant mélodieusement les fesses.

Eh bien ! si je vous disais que vous lui faites plaisir ?

Tout le monde n'a pas les mêmes impressions en matière de parfums, ce qui est d'ailleurs fort heureux pour les personnes qui sentent naturellement mauvais, et le chien adore précisément celui que vous croyez lui infliger, le jugeant à la légère sur l'infirmité de vos propres nerfs. Mais vous ne vous êtes donc jamais aperçu que, quand un chien rencontre un camarade, son premier soin est de lui demander une prise, et que l'autre lui tend immédiatement une tabatière naturelle que les gens bien élevés ont coutume de laisser fermée ? Et mon drôle de renifler à pleines narines, en remuant la queue d'une façon qui veut dire : Exquis ! on ne fait pas mieux en Espagne. Sapristi ! cela se voit cependant tous les jours en pleine rue. J'en conclus qu'en croyant châtier votre élève, vous récompensez son inconvenance et flattez ses goûts. Qui sait ? c'est peut-être dans l'opoponax ou dans le ylan-ylan qu'il conviendrait de lui plonger les narines pour lui être désagréable.

Et puis, prenez garde ! Un jour, le chien, plus observateur que vous, ira plus loin que votre pensée et se méprendra sur vos intentions. Convaincu que c'est un exercice hygiénique que vous lui enseignez, il ira de lui-même se débarbouiller dans sa faute, et viendra ensuite vous embrasser et vous demander du sucre.

Et, morbleu ! ce sera bien fait.

Je reviens à mes... (pardonne, ô Deshoulières !) à mes cochons. Car j'en eus aussi, dans mon jardin zoologique, et je fus même si lié avec eux qu'ils me firent toutes leurs confidences. Eh bien ! vous savez, les cochons ont moins de préjugés que les Allemands en matière religieuse : ils adorent les juifs. S'ils connaissent mal les chefs-d'œuvre de l'art romain, c'est qu'ils ont une répugnance invincible pour le fromage d'Italie. J'ajouterai un détail assez piquant : c'est que, dans l'intimité, ils nous traitent volontiers de pornographes.

II

ALIBORON

> Jamais nous ne pourrons venir
> A bout de manger tous les ânes !

s'est écrié lyriquement mon benoît maître Théodore de Banville, dans les *Idylles prussiennes,* alors qu'il consolait, avec ses rimes savoureuses, les pauvres Parisiens des mets horribles auxquels le siège les avait condamnés. Et, de fait, l'âne était entré un des premiers dans les inventions culinaires du temps, fournissant en particulier aux sauces une graisse que les connaisseurs comparaient à celle même de l'oie.

Cette promotion d'une bête de trait à la dignité de comestible n'avait d'ailleurs nullement enflé la vanité de celle qui en était l'objet. Le paisible animal avait accepté ce surcroît d'honneur et cette marque de confiance sans en témoigner ni enthousiasme, ni étonnement. Mon estime pour lui —

laquelle est de vieille date — s'en était encore accrue. Aussi c'est avec une vraie joie que je lisais l'autre jour dans une feuille la condamnation d'un rustre qui avait assassiné son âne à coups de fourche. Comme le président de la septième chambre lui demandait la raison de cet acte sauvage, il avait répondu que l'ignorance de ce baudet l'avait révolté.

Voilà donc où la passion de l'instruction nous amène ! L'ignorance de l'âne !

Mais, triple brute (c'est du condamné que je parle, et non de sa victime), la contexture physique, elle-même, de l'âne proteste contre ce monstrueux jugement. Comment s'instruit-on, je vous prie ? En écoutant. Et avec quoi écoute-t-on ? Avec ses oreilles. Donc, plus celles-ci sont grandes, plus celui qui les porte est susceptible de s'instruire. Croyez-vous donc que ce soit par un caprice ironique que la Nature, qui ne fait rien d'inutile, en quoi elle diffère essentiellement de nos gouvernements, ait ouvert aux deux bouts du cerveau de l'âne ces tubes magnifiques où les enseignements s'enfournent, où les leçons s'enfouissent, et qui font de cette noble bête un ruminant intellectuel ? Tenez, vous me faites pitié !

Je dis, moi, que c'est fort justement que les poètes d'Arcadie couronnaient l'âne de fleurs. Aujourd'hui encore, dans l'île de Madura, où la transmission des âmes est un dogme, on croit que c'est dans celle des ânes qu'émigrent les hautes pensées des grands hommes défunts. On y regarde brouter avec vénération ceux qui furent les poètes exquis et les vaillants capitaines, et quand ils exhalent par quelque bout leur naturelle musique, on en accueille les échos avec respect, comme des refrains oubliés et comme des bruits de victoire. Au mépris du quatrième article de la loi mosaïque, les hérésiarques de Jérusalem ont adoré l'âne, et notre Rabelais lui a rendu justice dans une fable impérissable, le montrant aussi sage et aussi amoureux que le cheval est sottement infatué de soi-même. L'âne ignorant ! Allons donc ! L'homme ne l'a jamais appris, mais lui, comme il a bien appris l'homme !

Voyez plutôt comment sa prudence s'est mise en garde contre nos caprices !

Il sait à merveille que, s'il avait eu le malheur de trotter seulement devant ce maître incorrigible, celui-ci, insatiable en ses goûts, eût immédiatement exigé qu'il galopât. Aussi, voilà des siècles entiers qu'il a passés à nous cacher soigneusement la merveilleuse célérité de sa course, et à nous faire croire qu'il ne pouvait aller qu'au pas. Mais regardez-le dans les prés, loin de l'œil de son tyran. Son allure est telle qu'il dépasse le vent dont il fut le symbole en Égypte, et qu'il est quelquefois obligé de retourner la tête pour respirer.

Je crois, du reste, que le grand bon sens des animaux, en quoi leur réelle supériorité sur nous consiste, vient de ce qu'ils ne sont jamais dupes de la parole, non qu'ils ne l'entendent pas, mais parce qu'ils l'entendent dans un sens invariable, ce qui les met à l'abri des sophismes des avocats et des blagues éhontées des hommes politiques. Tout succès d'éloquence est nécessairement basé sur une série de quiproquos, car, si toutes les choses de la parole étaient entendues de la même façon par tout le monde, la vérité s'en dégagerait avec une netteté qui rendrait toute dissertation inutile.

Si l'homme a aussi mal employé les quarante

siècles que lui ont comptés les Pyramides, c'est qu'il a passé tout ce temps à discuter sur les divers sens des mêmes mots. Car toute discussion vient de ce que les mêmes mots ne sont pas compris de la même façon, comme je l'ai admirablement démontré d'ailleurs dans le tome XXVII de mes œuvres *inécrites,* lequel a pour titre : *De l'art de se soustraire à l'empire des mots.*

Les bêtes, qui n'avaient pas manqué de s'insinuer dans l'arche de Noé pour sauver leur peau dont nous faisons des tapis, n'ont eu garde de fourrer le nez dans la tour de Babel. Elles sont demeurées dans le voisinage, et quand les hommes en sont sortis, en parlant très fort et tous à la fois pour ne plus s'entendre jamais, elles ont résolu de ne plus croire qu'à la pantomime et à l'accent dont les choses étaient dites. Ce n'est pas un âne qui, en recevant une paire de calottes, se demanderait jamais si son interlocuteur avait eu l'intention de lui être désagréable et si les mots dont il avait accompagné ses gifles étaient réellement blessants !

Ce n'est pas l'âne non plus qui aurait mené une campagne réactionnaire contre le ministre de la guerre à cause de la suppression des tambours dans notre infanterie. Et pourtant vous me permettrez de dire qu'il était, je l'espère, plus intéressé dans la question qu'aucun de ceux qui l'ont traitée. Car enfin, c'est sa peau qui se couvrait de gloire et s'emplissait de guerrières rumeurs sous les raflaflas des tapins. Il avait été tout simplement le camarade de Bara dans l'héroïque légende des Bleus. Car notez qu'il est peu de bêtes aussi parfaitement mêlées aux grands événements de l'histoire de l'humanité. Ouvrez plutôt les livres judaïques. Ce n'est pas à Balaam en personne que l'ange chargé par Dieu de convertir ce mécréant et faux devin s'adressa tout d'abord. Trop malin pour ça. Il eût fallu ergoter avec cet imbécile. C'est l'âne du prophète qu'il commença par mettre dans ses séraphiques intérêts en lui faisant administrer une volée par son maître et en menaçant ensuite celui-ci de lui faire appliquer la loi Grammont du temps. Si un âne ne s'était pas prêté à la fuite en Égypte, nul doute que le jeune Jésus n'eût été massacré, tout comme un autre, par les soldats d'Hérode. Plus tard, ce fut un âne encore qui partagea le pacifique triomphe du Christ entrant dans Jérusalem. Si vous croyez que de tels états de service ne valent pas des aïeux aux croisades ! On ne vit pourtant jamais cette sage bête se targuer de sa noblesse et s'organiser en bande de *vengeurs* pour assommer les journalistes irrespectueux envers les personnes titrées.

Et cependant la société de ces arcadiques mammifères est certainement mieux composée que la nôtre.

Car enfin nous sommes presque tous décorés en France ; mais presque tous seulement : il y a des exceptions. Il n'y en a pas chez les ânes. Tous ont la croix... sur le dos. J'ajouterai qu'ils l'ont obtenue sans faire aucune des platitudes qu'ont subies bon nombre de nos chevaliers et sans avoir invoqué ces fameux « services exceptionnels » dont le public croit ce qu'il veut.

C'est que l'âne n'est pas une bête politique — ce qui me porterait à penser que ce n'est pas une bête du tout. Non qu'il soit indifférent aux jours d'élections pendant lesquels il faut le voir galoper joyeusement à travers les prés, pendant que son maître fouille sa conscience pour savoir lequel des candidats pourra le mieux pourvoir sa bonne amie d'un débit de tabac. O incorruptible Aliboron,

13.

c'est dans ces circonstances-là que j'admire ta sérénité. Comme tu te moques du scrutin de liste, pourvu que l'herbe soit tendre et l'eau des sources claire ! Ane estimable que tu es ! mon modèle ! mon ami ! mon frère !

III

PAUVRE MINET !

C'est une nuit, en rentrant de je ne veux plus savoir où, que je le trouvai sous une porte cochère, grelottant et miaulant, piteux et bruyant à l'envi. Il était gros alors comme un rat tout au plus et si maigre qu'il disparaissait tout entier derrière sa petite gueule rose quand il l'ouvrait à deux battants pour exhaler un aigre gémissement. Deux prunelles d'un vert clair et pailleté de jaune illuminaient ce petit fantôme de chat.

J'en eus pitié, le pris sous mon bras et le montai chez moi, bien résolu à en faire le compagnon tranquille dont Charles Baudelaire a dit si excellemment :

> Les amoureux fervents et les savants austères
> Aiment également, dans leur mûre saison,
> Les chats, prudents et doux, orgueil de la maison,
> Qui, comme eux, sont frileux et comme eux sédentaires.

Je n'ai jamais été un savant austère ; mais j'étais, en ce temps-là, un amoureux fervent. Je manquais donc seulement de la « mûre saison » qui complète le programme du grand poète félin. Toujours est-il que je fus pour mon pensionnaire à quatre pattes un gargotier tout à fait défectueux, n'ayant rien des régulières habitudes qui permettent à un sage de ne jamais laisser manquer son camarade de mou.

L'estomac de Minet (après huit jours de recherches, je lui avais trouvé ce nom original) se ressentait du décousu de ses repas. C'est au moins ce que m'assurait ma concierge, Mme Pamoison, une vieille affreuse qui passait dans le quartier et aussi dans mon esprit d'alors, pour adorer les animaux, parce qu'elle faisait mourir d'ennui dans une cage trop étroite, entre un morceau de sucre poudreux et un fragment d'échaudé moisi, un malheureux sansonnet. Sous prétexte de mettre un peu d'hygiène dans le régime de mon chat adoptif, elle le descendit dans son antre. Vrai, j'avais le cœur gros tout en cédant à un scrupule de sentiment ! Minet était mal nourri chez moi, mais il était nonobstant d'une gaieté charmante, et je l'avais vu déjà, avec une fierté toute fraternelle, lutiner aux environs de ma gouttière de jeunes chattes qui l'avaient regardé d'un air signifiant certainement :

—Voici un petit luron dont il faudra se méfier bientôt.

Infâme mère Pamoison !

— Eh bien ! comment le trouvez-vous, votre gars? me dit-elle deux mois après environ, en me montrant Minet nonchalamment roulé sur une vieille chaise en tapisserie. Profite-t-il assez, depuis qu'il est avec moi ?

Le fait est que mon ancien sujet avait considérablement grossi. Mais il me sembla qu'il avait également changé. Son petit museau s'était allongé, ce qui lui donnait une physionomie moutonnante et quasi-bébête au lieu de l'air fripon qui m'avait tant frappé en lui.

— L'âge ingrat ! me dis-je à moi-même. Les chats comme les hommes passent aussi par là.

De plus, ses yeux avaient perdu un peu de leur flamme humide et vivante. Ils avaient pris en échange un luisant d'acier qui leur donnait une expression indolente et féroce à la fois, l'éclair d'un poignard posé près de sa gaîne. Mais tout cela semblait compensé, et au delà par le développement majestueux qu'il avait pris en longueur, la beauté luisante de sa fourrure épaisse, l'air de prospérité de toute sa personne.

— Tous les locataires l'admirent maintenant, me dit encore la tortionnaire du sansonnet. Ah! dame! j'ai payé ce qu'il a fallu.

Et moi, triple buse! je la remerciai avec effusion et lui donnai un magnifique pourboire pour l'indemniser des dépenses prodiguées à Minet.

Infâme mère Pamoison!

Cependant le temps se passait et positivement Minet prenait des dimensions que rien ne faisait prévoir dans sa mignonne personne d'autrefois. Sa grosseur était devenue un véritable sujet d'enthousiasme pour les demoiselles Charançon, pour la veuve Chaudbidet, pour l'invalide Humevesse et pour un tas d'autres vieilles bourriques qui composaient, autour de Mme Pamoison, un véritable chapitre provincial de nez bourgeonnants et bourrés de tabac. La splendeur de sa robe touffue et aux tons changeants comme ceux de la gorge d'une tourterelle était également le motif favori de conversations extasiées. Mais ce qui charmait plus encore ces pantouflards et pantouflardes de voisins, c'était l'extraordinaire douceur de caractère de ce chat comparable, pour le premier aspect, aux plus redoutés magistrats de notre office à procédure, sans excepter le célèbre Lamoignon à qui Boileau fit de si mauvais vers.

Ce dernier point dépassait positivement mon intellect.

Car Minet s'était annoncé comme un diable à quatre, griffant à plaisir, sautant à miracle, malin comme plusieurs singes et méchant comme plusieurs femmes.

Quantum mutatus ab illo !

Pardonne-moi, Virgile, d'avoir mis ton nom sacré si près de celui de Despréaux !

La curiosité me prit de savoir si, du moins, ce diurne et majestueux roupillard réparait de nocturnes débauches, comme j'ai vu faire à maint homme de bien que je n'en ai estimé que davantage.

— Allons, dis-je à sa maîtresse, voilà un gaillard qui a encore couru le guilledou !

Elle leva sur moi deux petits yeux clairs et cli-

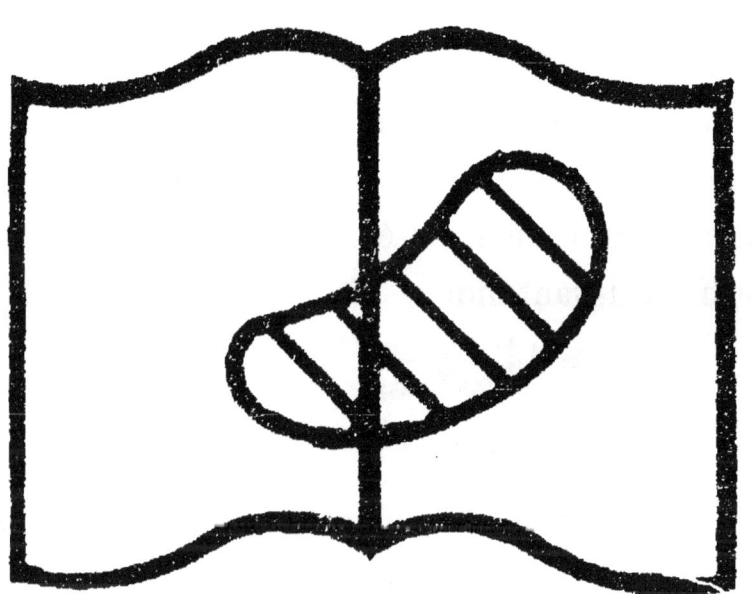

Illisibilité partielle

gnotants pleins d'une indicible surprise et d'une effroyable moquerie. Puis éclatant franchement de rire à mon nez indigné, elle roula, en sautillant et en piétinant sur place, sa gorge débordante sur son ventre haletant et monstrueux, tandis qu'une façon d'éternuement rauque et rythmique sortait de sa bouche édentée avec un imperceptible éparpillement de salive.

Je compris que je venais de dire une énormité et je m'enfuis épouvanté du voile qui venait de se déchirer devant moi !

Infâme  Pamoison !

J'ai ouï dire que le chanoine Fulbert était mort tranquillement dans son lit.

Je ne sais si la Providence destine à l'astre de Mme Pamoison un aussi tranquille couchant. Mais je sais qu'elle vient d'être cruellement punie par où elle avait péché... Non pas, rassurez-vous, qu'aucun accident soit arrivé à l'invalide Humevesse !

Il y a trois semaines elle vint me trouver et me confia que Minet dépérissait à vue d'œil. Refusant toute nourriture, toujours sombre et comme absorbé dans un rêve, rien ne pouvait le distraire de quelque fatale pensée. De plus, lui si tranquille et si fidèle à son édredon célibataire, il découchait maintenant à tout propos, et s'obstinait à ne pas rentrer de toute la nuit. Cette révélation me bouleversa.

— Aurais-je mal compris ? me demandai-je.

Et, comme je ne suis pas de l'école naturaliste, je me promis d'observer sérieusement.

Le soir même en me cachant avec grand soin, je me mis en sentinelle de façon à ne pas perdre des yeux le manège de Minet.

Et je vis une chose vraiment inouïe, invraisemblable, incroyable, insensée !

C'était le démon de l'astronomie qui s'était emparé du cerveau de mon ancien compagnon !

Assis sur son derrière amaigri, immobile, muet, du haut d'une cheminée qui lui servait d'observatoire, ce chat incompris fixait avec une indicible expression d'intérêt et comme d'envie, la comète perdue dans l'immensité du firmament !

Pauvre Minet !

Et rien au monde ne put l'empêcher de retourner, tous les soirs, à cette occupation qui le consumait comme un feu intérieur.

Hier, en même temps que, pour la dernière fois, l'astre chevelu, cher aux viticulteurs, s'enfonçait dans l'azur visible à nos regards, les beaux yeux d'or de Minet se fermèrent à jamais comme deux étoiles d'une constellation qui s'éteint.

Moi qui crois à la métempsy-chose, j'imagine que son âme s'est enfuie pour s'aller perdre dans le feu de la comète envolée.

Puisse-t-elle rencontrer dans ce monde meilleur tout ce qui lui manquait ici-bas !

Pauvre Minet !

IV

LES HANNETONS

Je n'ai encore rencontré que deux hannetons, ce printemps-ci, mais ils faisaient du vacarme comme quatre. J'en ai immédiatement conclu que ceux de cette année seraient extraordinairement tapageurs et particulièrement bruyants.

Et en ma qualité d'observateur des choses de la nature, je n'en ai pas été surpris un seul instant.

Le hanneton n'est pas ce qu'un vain peuple pense.

Le hanneton est une bête méconnue. Les petits enfants lui attachent volontiers des ficelles au cou, ou lui font traîner de petits fardeaux en papier, ou trempent ses pattes dans l'encre pour en obtenir des hiéroglyphes, jeu renouvelé des Pharaons, ou le plantent dans un trou, vis-à-vis d'un confrère, maniant comme lui un bout d'allumette taillé en épée. Tout cela est parfaitement irrespectueux et déplacé.

Car enfin le hanneton n'est ni un poète comme le papillon, ni un artiste comme la libellule, ni un philosophe comme la bête à bon Dieu, ni aucun des êtres que leur douceur et leur goût pour la rêverie invitent à tourmenter. C'est, au contraire, un animal redoutable.

Le hanneton est une bête sociale.

Il représente dans le monde des insectes le bourgeois bavard et stupide, le petit rentier potinier et absurde, qui est notre maître à tous, parce qu'il incarne une des formes de la sottise primordiale.

Il n'y a qu'à le regarder un instant pour s'en assurer.

Voyez plutôt son petit habit marron, toujours soigneusement brossé, sa petite casquette noire et cette antenne de travers qui a la forme d'une pipe. Le reconnaissez-vous maintenant, l'insipide babillard, l'égoïste à outrance, qui craint toujours pour son bien-être, qui prend peur au premier bruit, qui fronde tout et éparpille les nouvelles alarmantes avec une sorte de volupté féroce? Dès que le hanneton se repose, c'est, comme disent les petits polissons dans leur langue imagée, *pour compter ses écus.* Et sa voix donc ! ne dirait-on pas le bourdonnement inquiet de ces foules qu'une rumeur, venue on ne sait d'où, affole à tout propos ?

Au moral, c'est bien autre chose encore. Le hanneton a si fort besoin de mouvement qu'il en prend pour le simple plaisir de se mouvoir et de faire enrager les conseils de la logique. N'en cherchez donc aucune trace dans ses actions. Les lois de la physique ne lui en imposent pas plus que le reste de l'univers, et quant à celles du bon sens, il les trouve parfaitement tyranniques. Ne le raisonnez pas; cette forme de l'évidence qui s'appelle un mur ne l'arrête pas. Il s'y cogne et tout est dit. Mais une fois à terre et sur le dos, vous le verrez agiter encore ses pattes en l'air et déployer une incroyable activité pour marcher dans le vide. Son appétit le ramène toutefois aux feuillées dont la délicatesse charme son goût, et le soin de ses intérêts met seul une règle quelconque dans sa vie et dans son vol.

Il faut le voir déchiqueter les marronniers après

avoir eu l'air de les fuir avec dégoût pour prendre dans l'air ses envolées.

Quand il se fait un emprunt chez les hannetons, ils sont généralement unanimes à le blâmer et à se précipiter dessus.

Son propre est de tirer parti des choses elles-mêmes contre lesquelles il a affecté le plus vif mécontentement.

Étonnez-vous donc maintenant qu'il règne une incroyable effervescence parmi les hannetons de ce printemps !

Mais tout cela n'est que du bruit et ils ne sont pas si fort effrayés qu'ils en ont l'air et voudraient surtout le faire croire aux autres. D'abord ils sont décidés à se mettre sous la protection de la société qui défend les animaux domestiques contre les brutalités de leur destin. Animaux, ils le sont toujours, et domestiques aussi souvent qu'il peut y avoir quelque profit à l'être. Comment, après tout, n'intéresseraient-ils pas cette académie zoophile qui, il est vrai, n'a pas encore beaucoup amélioré le sort des chevaux de fiacre, mais qui a vaillamment défendu plusieurs espèces de pucerons contre les calomnies de cultivateurs ignorants ? Ils démontreront leur utilité dans la société. Sans hannetons que deviendrait la terre ? Les marronniers auraient tant de feuilles qu'il ne leur resterait plus de sève pour avoir des fruits ! Que deviendrait la société sans le petit bourgeois trembleur qui fait des émeutes de peur sur son chemin ? Il ne resterait plus à faire de la Bourse qu'un temple grec où le poète philosophe Louis Ménard immolerait, chaque matin, des colombes à Vénus Aphrodite qui ne demeure pas loin.

Ah ! vous croyez le hanneton une bête innocente !

Vous lui chantez sur un rythme bon enfant :

Hanneton, vole, vole, vole !

comme si ce petit épicier-regrattier retiré des affaires avait attendu vos conseils pour voler. Votre naïveté me rappelle celle d'un sergent de ville qui, ayant une discussion un peu vive avec un cabaretier, crut lui clore la bouche par cette métaphore commune :

— Je vous engage à mettre un peu d'eau dans votre vin.

— Je n'ai pas besoin de votre avis pour ça ! lui

répondit l'autre avec une indignation toute professionnelle.

Moi qui comprends le langage de toutes les bêtes pour avoir beaucoup vécu parmi mes pareils, voulez-vous que je vous dise ce que marmottent ces volatiles d'aspect candide, en traversant, le soir, mon jardin dans tous les sens, comme des toupies ailées se heurtant à des angles invisibles? Eh bien! ils causent de l'expédition lointaine et des hannetons de Tunisie qui, paraît-il, font des gorges chaudes sur nous. — Preuve que l'espèce n'est pas plus spirituelle dans un pays que dans l'autre. — Ils n'ont pas, non plus, de blâmes assez bruyants pour la façon dont la chose est, jusqu'ici, menée. Ah! si vous les aviez chargés, eux, les hannetons, de transporter les troupes françaises en Afrique! Ce n'est pas eux qui auraient désorganisé les régiments et uni des bataillons disparates sous les ordres de colonels nouveaux! C'est que le hanneton est une bête stratégique! C'est le frère aérien de ces conquérants de cafés qui expliueqnt le gain et la perte des batailles, gourmandent les généraux et refont les campagnes de Napoléon Ier entre deux parties de jacquet ou de dominos. Ces Jules César de l'absinthe suisse n'ont jamais combattu et ont horreur des mauvais coups, en quoi ils affirment aussi leur parenté avec le hanneton qui, de la vie militaire, ne prise que la musique. Ils aiment à diriger les campagnes, à cheval sur un tabouret, monture inoffensive qui n'a jamais désarçonné son cavalier.

Le plus beau de ces... (j'allais dire : « hannetons », mais je me reprends par respect pour un bipède qui avait toutes les apparences d'appartenir à la même espèce que moi); le plus beau, dis-je, de ces grands capitaines en chambre que j'aie rencontrés jamais m'apparut sur l'impériale de la diligence qui faisait, il y a vingt ans passés, le service entre Foix et Tarascon, en suivant les bords de l'Ariège, qui ne roule pas moins de mensonges dans son cours harmonieux, que la Garonne elle-même. C'était un beau gaillard qui contait à ses compagnons de route le plus sanglant épisode de la bataille de Solférino : « *Nous*, disait-il, *nous, nous* toujours... *Nous* courions sous une grêle de balles ; *nous* tombions par centaines sous la mitraille ; *nous* avions du sang jusque sous les aisselles ; *nous* traversions des

régiments entiers qui *nous* décimaient, etc., etc. »
Et ses auditeurs de boire ses paroles avec une admiration mêlée de respect. Pour moi, j'étais convaincu que j'avais sous les yeux un des héros échappés de la plus sanglante épopée qui se fût jamais écrite avec la pointe d'un glaive.

Comme, le lendemain du voyage, je me trouvais encore à Tarascon et avais besoin d'acheter du tabac, j'entrai chez un épicier et me trouvai face à face avec mon narrateur de la veille, drapé dans un magnifique tablier blanc. Je pensai tout de suite au soldat laboureur de Virgile, et admirai comment la simplicité s'alliait au plus héroïque courage. Vivement attendri, je ne pus m'empêcher de lui dire avec une respectueuse émotion :

— Eh bien, mon brave, vous vous trouvez mieux ici qu'à la guerre d'Italie ?

— A la guerre d'Italie !... me fit-il en me regardant ; mais je n'y ai pas été, que je sache.

Et il ajouta avec une fierté toute civique :

— Je n'ai jamais été militaire, moi !

Et moi qui avais été la dupe de son belliqueux bavardage et de sa faconde méridionale imagée !

Sacré Hanneton, va !

V

LE MONDE DES EAUX

Affriolés par ce titre, vous vous dites déjà, mes petits compères : Ah ! ah! nous allons en apprendre de bonnes sur les Parisiens actuellement dispersés sur les plages et sur les habitués des casinos et des sauteries balnéaires.

Non, mes enfants, ce genre d'indiscrétion n'est pas le mien.

Mon Dieu, ce n'est pas qu'avec du travail je ne puisse arriver, tout comme un autre, à formuler le petit entrefilet traditionnel :

« Grand scandale dans le monde où l'on s'amuse.

» Le comte de X... vient de partir subitement pour les eaux de ***. Si nous sommes bien informés (et nous le sommes !), ce départ aurait pour raison la fâcheuse découverte, par le comte de X..., des amours de sa femme avec le jeune baron de

Z... Ces derniers auraient, de leur côté, pris le train de ****. On comprend les motifs de discrétion qui nous défendent de préciser davantage. Peut-être même avons-nous été un peu loin et trop clairement désigné les personnages de ce petit roman conjugal. »

Mais non! mais non! mon cher nouvelliste, vous n'avez pas été trop loin! Tous les jours il y a des messieurs très bien qui découvrent que leurs femmes les trompent avec d'autres messieurs encore mieux sans doute. Non! vrai! il faudrait que le comte de X... fût bien mal inspiré pour venir dire : « C'est moi qui suis le fameux cocu dont vous avez entendu parler, et vous m'en rendrez raison ». Ce serait mal avisé et même imprudent. Car un autre comte de X... pourrait venir, à son tour, donner un démenti au premier et déclarer que c'est lui qui a tous les droits à l'honneur des lignes incriminées. De là un duel entre ces deux gentilshommes, duel pendant lequel vous faites acte de courage naturaliste en vous esquivant héroïquement du débat.

Mais je suis bon de vous donner des conseils. *Suum cuique*. A chacun sa peine, et je me moque pas mal des horions que vous pouvez vous attirer par vos révélations. Mon monde des eaux, à moi, c'est celui des poissons, qu'en ma qualité de pêcheur à la ligne, j'ai prodigieusement observés. C'est un simple chapitre que j'ajoute à Buffon, qui n'est plus guère à la mode aujourd'hui.

Ne nous y trompons pas, camarades ! Les poissons sont des malins, et qui veut les pêcher doit commencer par gagner leur confiance pour la mieux tromper après. Ainsi, moi qui vous parle, je ne m'avance jamais vers un étang ou vers une rivière ma ligne à la main, sans chanter à *cul*-tête, comme disait Jocrisse, une petite chanson que j'ai composée tout exprès pour rassurer ceux que je vais voir sur mes dispositions. Elle varie suivant les jours mais voici le texte que commente ma fantaisie :

> Moi, je n'aime pas la friture ;
> Je suis l'innocent promeneur,
> Qui cherche au sein de la nature
>   Le bonheur.

> Qu'une ablette jeune et sans tache
> S'accroche au perfide hameçon,
> Sans le gourmander, je détache
>   Ce poisson.

> Avec tendresse, je délivre
> Perches et carpes des filets,
> Et je leur offre, pour mieux vivre,
> Mon palais¹.

> Je professe une grande estime
> Pour le barbillon sans détour
> Qui garde pour sa légitime
> Son amour.

Et comme il n'est rien de tel que la morale pour empaumer les imbéciles, je termine invariablement par ce couplet flétrissant pour le vice :

> Le seul poisson que je diffame
> Et je méprise, c'est celui
> Qui vit aux dépens de sa femme !
> Honte à lui !

Il y a gros à parier qu'en écoutant cette ode généreuse et indignée, les goujons se diront : « Voilà un fichu poète, mais un bien honnête homme. Nous n'avons pas à nous méfier de ce philanthrope, et nous pouvons flâner autour de lui sans rien craindre. Il va probablement nous jeter des bons de pain. »

---

1. N'abusez pas toutefois de ce calembour odieux. Si par hasard il était compris par quelque vieux schwène, abonné au *Tintamarre* depuis sa fondation, il jetterait l'alarme, et au lieu d'un effet excellent, votre chanson en ferait un désastreux.

Et les goujons viennent flâner dans votre voisinage. Et bingne ! vous les ferrez sans scrupule et vous les entassez dans un filet qui n'est, pour eux, que le vestibule de la poêle. Dame ! c'est canaille ! Mais il faut vouloir ce qu'on veut. Tenez, la politique ne se fait pas autrement. Tous les députés ont composé, comme moi, leur petite romance à goujons. Seulement, eux, ils la chantent sur l'air de la *Marseillaise*.

Tas de Jeanfoutres ! Est-ce que vous croyez que c'est pour vous qu'avait travaillé Rouget de Lisle, ce rude lapin qui avait, lui aussi, un nom de poisson ? Moi, j'ai pris la peine de composer la musique de la mienne, voire que mon confrère et ami Magnus m'a dit que c'était du petit Meyerbeer, de la piquette de Meyerbeer.

Je n'en suis pas plus fier pour ça.

Dans le monde des poissons, les perches composent un véritable faubourg Saint-Germain. Vous les trouverez toujours vivant dans les propriétés aristocratiques ; elles adorent ce qu'on appelle la grande vie. Jalouses à l'excès de leurs privilèges méconnus aujourd'hui par un tas de poissons blancs sans naissance et sans aveu, elles ne manquent pas de se hérisser dès qu'on les attaque et de revêtir, comme feu saint Georges, une véritable armure. Ces nobles animaux ne se laissent qu'à regret pêcher par des manants et des rustres ; vous les verrez fréquenter, de préférence, la ligne qu'une élégante châtelaine tient dédaigneusement du bout de ses doigts gantés de Suède. D'ailleurs, je suis parfaitement de leur avis. Être pipé par la beauté est l'occupation la plus douce de ce monde.

Tenez, auprès de la perche, qui est essentiellement légitimiste — légitimiste au point d'avoir intrigué dans les cuisines pour être mangée, comme la carpe, à la Chambord ! — vous avez un poisson tout aussi fougueusement conservateur qu'elle, mais non plus avec le même chic et la même distinction. Vous avez reconnu le gardon. Avec ses écailles blanches et luisantes comme des piécettes de quatre sous, celui-ci représente l'aristocratie de l'argent, la plus insolente de toutes. Il porte des nageoires rouges pour faire croire qu'il est décoré. Il l'est d'ailleurs souvent. Il n'en enrage pas moins de ne pouvoir parler de ses aïeux. Ses aïeux, tout le monde sait qu'ils prêtaient à la petite semaine à ces pauvres bohèmes de goujons des vers ayant déjà servi et aux ablettes dans la débine des mouches tuées par l'haleine indiscrète de mortels indélicats.

Ceci me conduit dans une sphère plus aimable que celle où se débattent les prétentions respectives des perches qui tiennent pour le drapeau blanc, et des gardons qui acceptent, mais non sans difficulté, le drapeau tricolore. On fait peu de politique entre goujons, et pas du tout entre ablettes. Le goujon est l'éternel étudiant, et l'ablette est la grisette éternelle. Ce n'est pas Buffon, c'est Mürger qui aurait dû écrire leur histoire. Ces Rodolphes du fleuve et ces Mimis de la rivière sont mal vus du schwène, une façon de père Duval dont les idées bourgeoises ne se trouveraient à l'aise que dans les Revues solennelles. Mais j'estime celui-ci, avec son habit taché, sa petite casquette noire, et j'adore celle-là avec sa parure de fausses perles et ses façons évaporées.

Si Pythagore n'a pas affreusement blagué en nous promettant les sereines joies de la métempsy-chose, et que celle-ci me transforme en poisson d'eau douce — distinction à laquelle j'ai droit de préférence à tant d'autres — c'est dans la société de ces épicuriennes bêtes que j'entends vivre. Les ablettes ont bien les mœurs qu'il me faut. Quelle noce je ferai là-bas dans leur compagnie ! Nous ne quitterons ni les caboulots ni les bastringues ! Et si jamais je suis mangé par quelque homme trop raisonnable, par quelqu'un de ces chattemiteux endiablés de morale qui refusent aux gens le droit de rire et de faire l'amour, je lui flanquerai de telles coliques qu'il en crèvera en exhalant une effroyable odeur de Pandectes indigérées et de prix académiques rancis !

VI

ÉLOGE DES MOUCHES

Que le Dieu de mes pères — nous autres, gens de ce siècle, n'en avons plus guère — soit à jamais loué ! Nous ne savons encore rien des événements et des récoltes que nous garde cette année, ni si elle nous donnera de bons députés et du pain. Nous ignorons absolument si elle nous offrira des lois équitables et du vin généreux, Mais un fait est acquis : nous aurons certainement des mouches.

J'en ai compté jusqu'à quatre hier, qui prenaient, en commun, une leçon de gymnastique, le long d'un morceau de sucre que j'avais soigneusement omis de mettre dans mon café. Car il faut être le plus superficiel des hommes pour ne pas avoir encore remarqué que, dans le café, c'est le sucre qui empêche de dormir. Les propriétés antisomnifères du sucre ne sont un mystère que pour les gens absolument dénués d'esprit d'observation. Voyez plutôt les conférenciers. Ils sont obligés de s'en bourrer dans le verre traditionnel pour résister eux-mêmes à l'effet immédiat de leur coupable industrie. Avez-vous fait seulement attention au nombre de bonbons que croquent les dames, dans leurs loges, pendant les pièces ennuyeuses? Gourmandise ou genre! dites-vous. Erreur! Précaution polie pour pouvoir écouter, jusqu'au bout, de la prose sans raisons ou des vers sans rimes. On ne saura jamais ce que le seul Ponsard a rapporté aux confiseurs. Ah! les réputations usurpées!... (je ne parle pas de celles des académiciens, mais des renommées menteuses de certains comestibles). Soyez convaincu que, dans le gingembre, c'est la voisine qu'on regarde qui fait tout. Et l'absinthe donc! Les dernières analyses effectuées sur le vert breuvage que de prétentieux cafetiers vendent sous ce nom ont démontré qu'il devait ses émeraudes à l'épinard seul. Voilà donc l'épinard passé à l'état d'herbe vénéneuse! l'innocent épinard qui imitait si bien les arbres taillés du parc de Versailles! A qui donc se fier, Seigneur? C'est moi qui suis bien aise de ne pas l'aimer!

Mais je reviens à mes moutons — non ! à mes mouches.

Donc, nous en aurons cet été. Cela n'a l'air de rien ; eh bien ! cela est beaucoup. Il y a trois ou quatre ans, nous avons eu un été sans mouches et je n'oublierai jamais ce que j'ai souffert. Je ne me rappelle plus, par exemple, le nom de l'animal qui m'en fit faire l'observation, et c'est tant mieux pour lui ; car je me laisserais encore aller à maudire sa mémoire. Le monde est, ma parole, peuplé de drôles qui vous empoisonnent la vie avec leurs inutiles propos. J'en sais dont la profession est de vous guérir de vos maîtresse en en faisant l'objet de comparaisons déplaisantes. Enfin, ceux-là sont encore les plus inoffensifs.

Je précise mon dire : l'animal en question ne m'eut pas plutôt fait remarquer que nous manquions de mouches que je me fis une foule d'idées désagréables sur ce thème, en apparence insignifiant. La plus horrible fut certainement celle-ci :

— Est-ce que, par hasard, pensai-je, les mouches se dégoûteraient de la société des hommes et trouveraient que nous ne mangeons plus assez proprement!

Et, dans mon rêve, je voyais ces petites bêtes se faire soigneusement brosser par leurs domestiques, et je les entendais se dire entre elles, d'un air pincé : « Décidément, la compagnie de ces goujats devient intolérable. Depuis qu'ils font tant de politique, il faut se laver les pattes à tout moment, dès qu'on les a touchés. »

Eh! mon Dieu! ce genre de billevesées-là est fort naturel au cerveau humain. Nous avons tous été plus ou moins opprimés, — plutôt plus que moins, — par des compagnons ennuyeux, et, quand ils cessaient de nous martyriser, au lieu de nous livrer, *in petto*, aux transports d'une joie profonde, mais décente, ou d'essayer, en plein boulevard, les pas congrus d'un menuet de délivrance, nous nous demandions avec une anxiété douloureuse : — Ah ça! est-ce que nous sommes devenus plus ennuyeux qu'eux-mêmes, puisqu'ils nous fuient?

Imaginez un peu qu'on eût délivré... (quelque maladroit comme mon animal de tout à l'heure)

Socrate de Xantippe. Immédiatement la vie du sage, qui dut principalement sa renommée à sa patience conjugale, devenait un enfer. Sa renommée était du même coup compromise. Tout en étant l'homme le plus honorable du monde, en même temps que sa femme il perdait son gagne-pain. Il n'y a pas à nier. — Socrate? eût-on commencé à dire dans les clubs d'Athènes, Socrate? eh bien ! qu'est-ce qu'il fait donc de si malin ? Il enseigne la résignation, mais il n'a pas les moyens d'en donner l'exemple. C'est un simple farceur comme ce Sénèque, qui, plus tard, écrira sur un pupitre d'or massif l'éloge de la pauvreté ! Et voilà mon Socrate ruiné, sans leçons, courant inutilement après de problématiques cachets. Et sa tendresse pour Alcibiade donc ! que de cancans ! L'insupportable présence de Xantippe était tout simplement l'honneur et la raison d'être de ce philosophe. Une seule hypothèse eût été plus terrible que celle de sa disparition.

Imaginez, un instant, qu'elle fût devenue aimable. Voilà Socrate en méfiance contre les bons procédés de son épouse transformée, redoutant le poignard sous les fleurs et le poison dans cette ambroisie. Non ! C'eût été à se casser la tête contre les murs. La vérité, c'est que nous aimons nos bourreaux.

Tiens : j'allais oublier les mouches !

Vous ne saurez jamais toutes les imaginations qui m'étaient venues à propos de leur absence dans cet été maudit.

J'avais cru, un moment, que le sérieux de notre jeunesse en était peut-être le motif. Car les collégiens d'aujourd'hui sont un peu plus graves que les professeurs d'autrefois. Ces futurs tripoteurs du cinq pour cent sont d'un ennuyeux prématuré. Ah ! ceux de mon temps sacrifiaient mieux à tous les jeux de leur âge et réservaient, en particulier, aux mouche une partie des prévenances qui comblaient la longueur des études. Ils n'avaient pas leurs pareils pour les débarrasser de leurs ailes quand elles avaient trop chaud, pour les faire courir sans tête, sur les tables, afin qu'elles fussent plus légères, pour leur entrer délicatement dans le corselet le timon de victorias en papier, pour les piquer, dans une héroïque attitude, sur les bouchons moelleux, pour les enfermer dans des cages de liège et d'épingles, enfin pour leur prodiguer les supplices ingénieux qui attachent. Au dire des moralistes de brasseries, tout cela était cruel. Et cependant, en vertu de l'axiome que je viens d'émettre tout à l'heure, les mouches prenaient une joie amère à toutes ces distractions. La preuve, c'est que, nulle part, elles n'étaient plus abondantes que dans les salles d'études.

— Aujourd'hui, me disais-je, elles n'ont plus de partenaires pour s'amuser à tout cela dans nos lycées elles s'embêtent.

Il n'était rien qui ne me fît sentir le vide qu'elles laissaient dans la création tout entière. D'abord les coches marchaient infiniment moins vite, cochers et chevaux s'endormant faute de mouches. Les oisifs, n'ayant plus rien à gober, devenaient affreusement méchants et faisaient des vers sans rimes. Les sauces des cuisines de banlieue étaient tellement maigres que les clients étaient obligés d'y tremper leurs doigts pour leur donner un peu de corps. Les vitres avaient perdu leur sonorité charmante et, ne servant plus de water-closet à ces facétieux coléoptères, étaient d'une transparence uniforme qui donnait beaucoup de dureté aux objets vus au travers. Enfin les gens rageurs, n'ayant plus rien à prendre. étaient bien plus insupportables encore. Et les pêcheurs à la ligne, donc ? Plus désespérés que celui de Puvis de Chavannes lui-même, on les voyait le long des rives, cherchant en vain l'amorce chère entre toutes, à la naïve ablette. Je ne parle pas de la souffrance des araignées, qui perdirent tout embompoint cet été-là et furent obligées d'aller se faire nourrir, dans les prisons, par un tas de Pélissons à qui le gouvernement servait, dans ses propres édifices, une pension alimentaire. Quel cataclysme, mes enfants ! et comme tout se tient dans la nature !

Mais enfin les mouches sont revenues cette année. Elles paraissent même plus insupportables que jamais. Bonnes petites bêtes ! Comme vous allez vous ennuyer ! Mais si vous nous manquiez, comme nous nous ennuierions !

VII

ROSE ET MUSTAPHA

Je n'y vais pas par quatre chemins. Je ne sais rien de plus absolument agréable à voir que les écuyères des cirques. Vous me direz que le saut des rubans et celui des cerceaux sont des nouveautés un peu surannées, mais ce n'est pas mon avis. Ces exercices naïfs font valoir une chose éternelle : la grâce du corps féminin dans un de ses développements les plus heureux. Autant je souffre quand je vois, dans les estaminets concertants, les jeunes personnes en robes de soirée qui viennent grimacer dans la fumée des cigares et l'haleine tiède des bocks, amusant par des canailleries de gestes dégradantes des dilettantes peu délicats, autant je suis ravi par l'apparition de ces belles filles en maillot dont le court jupon de gaze s'enfle au vent de leur course, dont les bras nus s'enguirlandent dans mille poses gracieuses et qui franchissent l'espace dans la lumière, sœurs de ce clown sublime qu'un dernier bond perdit dans les étoiles et que Théodore de Banville a immortalisé. Tout me semble exquis dans cette voltige que le rhythme des mouvements fait pareille à un poème. Les écuyères ne se livrent pas d'ailleurs aux gymnastiques inhumaines des danseuses; elles ne meurtrissent pas leurs pieds à de pénibles crispations ; elles ne s'évertuent pas à de cruels équilibres. Tout est naturel et prévu dans leurs travaux. Vous voyez bien que nulles autres femmes ne leur sont comparables.

Mais de toutes celles que j'ai admirées, Mlle Rose fut certainement la plus belle et la plus accomplie. Ce n'était pas une de ces créatures diaphanes qui semblent venir se briser contre le papier tendu des cerceaux. Elle n'avait pas de ces ambitions de sylphe qui sont tout simplement une révolte contre les saintes lois de la pesanteur. Non ! c'était une jeune créature dans tout l'épanouissement d'une beauté généreuse, avec des jambes de déesse, une gorge admirable et les épaules profondément vallonnées comme les ont les femmes bien en chair. Elle n'aurait pas soufflé de mots heureux à Rivarol, mais sa bêtise était pleine de belle humeur. Et quelle conscience comme artiste ! Avec quel effort charmant elle enlevait le faisceau de ses charmes rebondis et avec quelle nonchalance délicieuse elle le laissait retomber ! Mais elle était surtout grisante quand elle montait en haute école son cheval Mustapha, un beau bai-brun avec une étoile sur le poitrail. Elle ne faisait vraiment qu'un avec son coursier et renouvelait, dans sa voluptueuse invention, la fable des Centauresses, infléchissant aux mêmes mouvements ses épaules de femme et la croupe de sa monture. J'oubliais de dire que Mlle Rose était de grande noblesse équestre, descendant des Rohan-Bouthor par les femmes et ayant eu parmi ses ancêtres un Montmorency-Loyal, une des branches les plus rares.

Il y a quelque vingt ans, j'étais amoureux fou de cette Amazone dont, contrairement à une légende guerrière, la gorge n'avait subi aucune dépréciation. Ayant mes entrées chez le Franconi du temps (Tous les siècles n'ont pas, Dieu merci ! un Napoléon, mais tous ont un Franconi) ; je la voyais souvent, et j'avais pu quelquefois lui parler quand, au sortir de l'arène, elle s'élançait des reins fumants de Mustapha dans les bras d'un écuyer en gants de filoselle blanche. Je l'avais même une fois aidée à ramasser sur son bras la lourde jupe de sa robe, et j'en avais profité pour lui avouer mes sentiments parfaits à son égard. Elle avait ri sans se fâcher, mais le clown Babouli, qui m'avait, je crois, entendu, me fit une grimace de colère qui me donna beaucoup à réfléchir. Ce n'était pas cependant plus pour lui que pour moi que s'épanouissait cette mythologique fleur dans les tiédeurs de serre des écuries. Mlle Rose avait un prétendant sérieux, un homme d'âge, M. Bonamy, qui ne parlait rien moins que de la retirer du cirque et de l'épouser à la face d'un maire. Et le misérable le fit comme il en avait le projet. Il arracha à son art cette virtuose de la cravache pour le plus vulgaire destin, celui d'épouse légitime d'un bourgeois sans poésie. Car ne croyez pas que ce faux sybarite fit établir dans sa chambre à coucher un petit manège où, seul, il aurait joui en avare des aériennes voltiges de sa bien-aimée. Non! il lui ouvrit tout simplement ses draps de vieux comme à la première venue. J'en fis une maladie. Quant à Mustapha, aucune autre écuyère n'ayant pu en venir à bout, tant le désespoir l'avait rendu vicieux, il fut vendu deux mois après.

Et puis quelques années se passèrent. Mais je me tenais au courant des nouvelles, et j'avais appris avec délices que le bon M. Bonamy avait le sort pour lequel il était né. Mme Bonamy était prodigieusement infidèle; comme autrefois les cercles de papier que lui tendait un clown, elle avait criblé son contrat non pas de coups de canif, mais de coups de derrière. On aurait pu faire passer une ménagerie au travers et suspendre le musée d'artillerie tout entier aux cornes de son mari. Celui-ci ne s'en portait pas plus mal, n'en sachant absolument rien, et passait son temps à louer de vieilles rosses dans les manèges pour aller faire le beau sur le boulevard pendant que son honneur conjugal était découpé en tranches gigantesques par le fin couteau de l'adultère.

Comme je montais un jour le boulevard Saint-Martin, je vis un spectacle qui confirma pleinement ce dire. Dans une voiture dont les stores n'étaient nullement baissés, la perfide Rose se laissait embrasser à pleines lèvres par un rustre que je reconnus immédiatement pour Babouli. Les fiacres marchaient dru se heurtant dans un embarras de véhicules et sur une petite boue glissante, si bien que, sans les suivre le moins du monde, je me retrouvai souvent à la hauteur des deux amoureux qui ne me virent même pas. Nous étions arrivés sur la place du Château-d'Eau, quand Rose poussa un petit cri, en s'élançant vers les vitres pour les fermer, tandis que Babouli criait au cocher : Fouettez ! — La voiture fila comme un trait et j'aperçus alors seulement le sujet de leur terreur : M. Bonamy juché sur un maigre cheval et qui venait en sens inverse. Celui-ci les avait certainement vus, car il fit volter sa bête et, à grands coups de talon, s'efforça de la mettre à leur poursuite.

Alors commença un spectacle vraiment inattendu.

Au moment où le cavalier atteignait le grand bassin circulaire qui ornait alors la place, une musique militaire débouchait de la caserne. Soudain le cheval dressa l'oreille et, malgré tous les efforts de son maître, il se mit à tourner au petit galop autour de la fontaine, au rhyhtme de la fanfare. M. Bonamy, exaspéré, lui déchirait les flancs, lui tordait la bouche et lui cravachait le cou. Mais la bête n'en tournait que de plus belle, et c'était merveille que de voir ce cocu se débattant sur un cheval automate tandis que sa femme et son amant lui filaient sous le nez. M. Bonamy finit par crier au secours. Un ouvrier qui portait une barre de fer la tendit devant le cheval pour l'arrêter mais celui-ci se contenta de la franchir avec une grâce parfaite. Un troupier prit à une bonne d'enfant son cerceau et l'interposa de même. Mais l'animal y passa son cou et l'emporta aux clameurs de la bonne. Enfin quelques passants lui sautèrent à la tête et parvinrent à le maîtriser. Mais au moment où un sergent de ville commençait à dresser procès-verbal, le cheval lui enleva délicatement le mouchoir qu'il avait dans sa poche et, toujours avec M. Bonamy sur le dos, bondit, reprit son élan, puis, comme emporté, s'en fut ventre à terre dans la direction du cirque Franconi.

Ce pauvre cheval efflanqué, je l'avais reconnu à son étoile blanche c'était Mustapha!

J'eus aussi la curiosité d'aller jusqu'au cirque. J'y trouvai tout en rumeur.— Par la grande porte encore ouverte pour la sortie d'un concert diurne, au nez des gardes municipaux en train de reboucler leurs ceinturons, Mustapha était venu s'abattre dans l'arène, suant, pantelant, soufflant et jetant enfin à terre ce pauvre Bonamy qui s'était fait deux bosses au front. On venait de l'emporter à la pharmacie voisine, quand deux nouveaux venus entrèrent comme la foudre. C'était Rose et c'était Babouli.

— Cachez-nous, dit-elle à ses anciens camarades. Mon mari nous poursuit.

On lui conta ce qui venait d'arriver. Elle eut un cruel sourire de joie,

— Mes amis, dit-elle, faites transporter M. Bonamy chez lui, rue Tiquetonne, 27, avec tous les soins possibles, et annoncez-lui, quand il ira mieux, que je suis partie pour l'Amérique.

— Pour l'Amérique ? répondit le chœur.

— Oui; mes enfants. Je débute dans deux mois, avec monsieur, au Grand-Cirque de Philadelphie. La vie bourgeoise ne me convenait pas. Rendez-moi ma cravache d'autrefois et adieu !

Un hennissement plaintif retentit auprès d'elle,

presque au ras du sol. C'était le malheureux Mustapha qui s'était traîné jusqu'à ses pieds et levait péniblement, jusqu'à la main gantée de son ancienne maîtresse, sa tête alourdie, la langue pendante et avec une suprême tendresse dans les yeux. Puis il se laissa retomber pesamment et pour ne plus se relever jamais.

M. Bonamy, lui, s'est consolé. Il vit avec une chanteuse de café concert.

VIII

LE RÊVE DE TOBY

Ils étaient deux, ayant reçu des hommes le même nom et caressant chacun son rêve, bien que fort différents d'ailleurs entre eux et n'ayant pas le même rêve, du tout

L'un était mon ami Toby Laridon, le filleul du vénérable professeur Antoine Laridon, très connu par sa *Méthode de Poésie javanaise, en quarante leçons, à l'usage des gens du monde de promotion nouvelle*, ouvrage qui vous transforme, en huit jours, l'académicien le plus crasseux en un naturaliste accompli.

L'autre était ce joli petit éléphant aux larges oreilles ouvertes en éventail qui, derrière le dôme de cuir rugueux et mal tendu au sommet duquel frétille la ridicule petite queue de madame sa mère, promène, dans une allée circulaire du Jardin d'acclimatation, une trompe sans défenses et une mélancolie sans consolations.

La chimère du premier était de n'épouser qu'une Anglaise. La résolution de Toby Laridon était inébranlable à ce sujet.

— Ne trouves-tu pas, lui disais-je parfois, nos femmes de France infiniment plus jolies que ces grandes poupées aux cheveux de filasse, aux extrémités trop longues, et qui semblent toujours avoir été aplaties entre deux pages d'un keepsake fermé par un maladroit pendant qu'elles étaient en train d'y lire? Nos Bordelaises au teint d'abricot, nos Arlésiennes au profil grec, nos Toulousaines aux pieds d'enfant et nos Parisiennes surtout, en qui toutes les grâces féminines sont réunies comme dans un menteur et délicieux bouquet, ne te semblent-elles pas mille fois plus belles ? Regarde donc seulement marcher, sur le boulevard, la première petite bourgeoise venue de la rue de Rambuteau, à côté de la fille d'un lord descendue dans le plus opulent hôtel.— Une perdrix qui piète à côté d'une paire de pincettes qui patine !

Et j'entamais, sur la plastique des mouvements de la femme et sur le charme comparé de ses allures, une dissertation qui eût convaincu saint Thomas lui-même, et même quelque autre encore plus entêté que lui.

Mais Toby Laridon n'en était que plus fidèle à sa marotte.

— Histoire d'éducation, disait-il. J'ai beaucoup étudié les Dictionnaires de mon père. Eh bien ! le seul pays du monde où la pudeur existe vraiment, c'est encore la vieille Angleterre. Je ne saurais supporter, un seul instant, l'idée de donner mon nom à une jeune fille qui, comme la plupart de nos délicieuses compatriotes, se serait montrée aux bains de mer, par exemple, dans un de ces costumes dont l'indécente coquetterie initie une foule tout entière aux charmes naissants de la fiancée d'un galant homme. Les demoiselles sont élevées plus librement, en apparence, de l'autre côté de la Manche que de celui-ci, mais pour rien au monde, cependant, elles n'exhiberaient, sous un patalon de lustrine mouillée, des f...ormes que doit connaître, seul, le regard jaloux d'un mari.

— Ce que tu dis est complètement dénué de fondement, lui répondis-je, et les jeunes personnes dont tu parles aussi.

— Qu'en sais-tu ! me répliquait-il aigrement et en prenant l'offensive à son tour, puisqu'elles n'en révèlent rien ?

— Après tout, mon garçon, je m'en moque. Demande une latte en mariage, si tu veux. Comme je n'ai jamais eu l'intention de te tromper, ça m'est prodigieusement égal. Aie pour enfants de petits policemen : ça ne me regarde pas, puisque je n'y serai pour rien.

— Je l'entends bien ainsi, concluait sévèrement Toby Laridon. Je ne plaisante pas avec la morale, moi !

Le rêve de l'autre Toby, du Toby à quatre pattes, je vais vous le dire à son tour, car les animaux ont, comme nous, des sommeils paresseux traversés par des visions singulières. Leurs yeux se ferment aussi sur de fantastiques paysages et leurs désirs errent, sous leur front alourdi, en vivantes images, prenant des formes distinctes et des mouvements réels. N'avez-vous jamais entendu aboyer un chien endormi au coin du foyer, à la poursuite d'un lièvre imaginaire ?

Les chats se mettent souvent à ronronner, bien que leurs yeux d'or soient clos et qu'aucune main ne caresse leur nuque voluptueuse. J'ai eu un perroquet qui rêvait quelquefois qu'il était à la Chambre. Il interrompait sans qu'on eût parlé.

Lui, Toby, était souvent en proie, la nuit, à une véritable apparition, due, sans doute, à cette portion de l'âme des ancêtres que nous portons dans la nôtre, sans nous en rendre bien compte et qui nous fait vivre inconsciemment les débris d'une vie que nous n'avons jamais connue. Tel revoit une patrie dont il ne connaît que le nom. Tel se découvre des goûts que l'éducation ne lui a jamais donnés.

Toby n'avait jamais vu le grand désert, l'immense plaine de sable dont le soleil fait un lac de cuivre en fusion, où le simoun roule des poussières de constellations en tourbillons sombres. Jamais il n'avait cherché, la trompe en arrêt, les pieds brûlés, la bouche claquante, quelqu'une de ces oasis dont la fraîcheur met d'odorantes pitiés dans le vent. Il était né, prosaïquement, le pauvre être, dans une étable aux murs de brique, entre deux montagnes de foin, sur une litière mouillée, sous l'œil de trois vétérinaires idiots et par les soins obligeants d'horribles garçons dont les casquettes de toile cirée et les tabliers d'un blanc sale constituaient un costume bourgeois usqu'au répugnant. Ce n'était pas pour lui certainement que Leconte de Lisle avait écrit son magnifique poème. Pauvre Toby ! Pauvre Éléphant des Batignolles !

Et cependant, souvent, quand les portes de sa prison s'étaient refermées sur le dos du dernier promeneur, il lui arrivait d'apercevoir, dans l'ombre de ses paupières abaissées, un grand paysage d'Afrique majestueusement solitaire et nu, avec un horizon de pourpre vibrant dans une buée d'or. Il y suivait des chemins sans fin et non tracés, livré au plus charmant des caprices. Tout à coup, un arbre au feuillage étrange, au tronc rugueux comme une armure à écailles, aux branches en parasol, se dressait devant lui et, à sa plus haute branche, un fruit pendait, appétissant au possible, et ayant, à fort peu près, la forme d'une de nos citrouilles — mais non pas revêtu de côtes épaisses et sales — enveloppé, tout au contraire, d'une peau rosée et veloutée comme celle des pêches.

L'infortuné tendait une trompe avide vers ce comestible inconnu des Chabot les plus illustres et des Potel les plus fameux. Un bon coup de pied de sa mère, dont il avait troublé le sommeil, le ramenait au sentiment de la réalité.

Or, le 2 mai de l'an dernier, sans mentir d'un seul jour, voici comment le rêve du doux Toby fut aussi sûrement réalisé que ceux du percepteur et du pannetier de Pharaon expliqués par le judicieux Joseph. Mon ami Laridon — la politesse veut que je commence par ce bipède — venait de conduire à l'église des Ternes une fille authentique de la perfide Albion — comme on dit encore au *Constitutionnel*. — Miss Jenny Petenbrock, depuis quelques heures seulement milady Toby Laridon, réalisait, de tous points, le programme de son nouvel époux. Ses cheveux, ses yeux, son teint étaient d'un clair auprès duquel celui de la lune est une fiction des poëtes. Quand elle passait le long des fleuves, les goujons la prenant pour la canne d'une ligne, gagnaient le milieu des eaux. Mais quelle pudeur, mes enfants, quelle sainte pudeur ! Le mot *shoking !* revenait, à tout propos, dans sa conversation, avec un très gracieux bruit d'éternuement. Un jour, le pauvre Laridon, à l'époque où il lui faisait la cour, ayant approché une main imprudente de sa taille, elle avait failli le congédier. Combien il avait été intérieurement charmé de sa colère !

Il faut avouer cependant que deux doigts de champagne — deux pouces, par exemple, et renouvelés une vingtaine de fois pendant le déjeuner dînatoire qui suivit la bénédiction nuptiale, — avaient singulièrement déluré, ce jour-là, cette décente personne ; car, toute la noce s'étant transportée ensuite au Jardin d'acclimatation, la vertueuse Jenny eut une idée qui ne serait certainement jamais venue à la mère des Gracques : celle de faire une promenade à dos d'éléphant ! Justement la monstrueuse bête allait se mettre en route, portant déjà sur sa large échine une véritable pannerée de bonnes et de moutards. Mme Laridon monta quatre à quatre le petit escalier qui mène à ce chariot portatif, son mari ayant grand soin de maintenir le bas de sa jupe avec sa main, derrière elle, afin que nul regard profane ne pût même entrevoir ses noueuses chevilles.

— Votre billet, madame ? lui dit l'employé, au moment où elle allait s'asseoir sur la selle habitée de l'énorme bête.

— Je n'en ai pas.

— Alors ce sera pour le prochain tour. Veuillez descendre.

Elle se leva en grommelant des *shoking* ! Mais déjà l'éléphant, piqué au rein par son cornac, était en branle. Elle chancela et n'eut que le temps de se cramponner aux branches d'un arbre voisin, dont les feuilles lui balayaient le visage, pour ne pas être précipitée dans le vide !

O mes amis ! mes bons vieux amis, qu'elle catastrophe !

Dans ce mouvement précipité, dans cette façon de chute, la robe de Mme Laridon s'était accrochée par derrière, si bien que le bas de ses reins n'était plus un mystère pour aucun des promeneurs accourus à ses cris. Elle était suspendue comme Absalon, mais par sa crinoline, et découvrait en son plein le *facies* lunéaire sur lequel s'assoient les honnêtes gens... et les coquins aussi ! Laridon poussa un mugissement de fureur épouvantable. —Un immense éclat de rire de la foule y répondit.

Mais ce fut bien autre chose quand le petit éléphant Toby, qui faisait mélancoliquement, derrière sa mère chargée de voyageurs, sa promenade automatique, ayant levé les yeux et aperçu cet objet, tendit vers lui sa trompe comme pour le happer au passage ! L'infortuné avait cru reconnaître l'espèce de Cantaloup qu'il avait entrevu si souvent dans ses songes ! Son rêve à lui aussi était réalisé !

Heureusement sa trompe était trop courte et, la crinoline de Mme Laridon ayant cédé, son mari put la recevoir à demi évanouie dans ses bras.

— Monsieur, me dit mon valet de chambre Baptiste qui lisait sans doute sous mon épaule, pendant que j'écrivais ce récit, ce que le maroufle (quel homme du monde je suis !) se permet souvent, voilà une histoire un peu malpropre et qui ne vous fera pas nommer encore de l'académie cette année.

— Eh bien ! petit fripon, est-ce que nous ne sommes pas au lundi gras ?

— Si fait, et je vais même demander à Monseigneur (sapristi quel homme du monde je suis ! la permission d'aller au bal masqué de l'Élysée-Montmartre.

— A ton aise croquant, mais je ne t'engage pas à te déguiser en éléphant. Mon ami Laridon habite ce quartier-là !

IX

LE PERROQUET SANS LE SAVOIR

C'était un délicieux *Jaco* de moyenne taille, avec un beau plumage luisant d'un gris perle cendré, une bordure rose aux ailes et une longue queue écarlate ; sa petite langue épaisse et noire était si bien accrochée dans son petit bec noisette qu'il en tirait tous les sons imaginables, depuis le bruit cristallin des verres qu'on choque jusqu'au roulement sourd du canon lointain. Mais son triomphe dans ce genre d'imitations c'était l'éternuement bruyant, légendaire dans la marine, sonore et aspersif à la fois de l'amiral Le Kelpudubec. Quand celui-ci l'avait rapporté des côtes de Guinée pour Mlle Céleste de Bidet-Bayard, fille de son vieil ami le receveur général, vicomte de Bidet-Bayard, durant sa longue traversée, l'oiseau avait attrapé merveilleusement l'inflexion de ces tonnerres mouillés par lesquels s'affirmait le coryza perpétuel du vieux marin, et c'était merveille de l'entendre en répercuter les échos, tandis que le cercle d'or de ses petits yeux clairs s'agrandissait et se diminuait comme si un éclair les eût traversés. Matelots et passagers s'amusaient infiniment de cela, et aussi l'amiral lui-même qui était un assez méchant animal, mais ne manquait pas d'une certaine gaieté indulgente à l'occasion.

Dire la joie de Mlle Céleste quand elle vit arriver cet éloquent perroquet dans une façon de sabot de bois où il s'ennuyait comme un confesseur sans ouailles, c'est ce dont je ne me charge pas. Bien vite, elle fit passer le prisonnier dans un magnifique cachot aux barreaux dorés et commença de lui offrir les mets les plus variés que l'intelligente bête aimait surtout à déguster sur les lèvres fraîches et roses de sa nouvelle maîtresse, en quoi je le trouve bien plus malin que pour tout ce qu'il pouvait dire. Ce fut une adoration réciproque du volatile reconnaissant pour sa bienfaitrice et de la jeune fille pour son joli compagnon dont les propos incohérents étaient encore moins stupides que la conversation de son noble père. Mais c'est surtout quand Raoul (c'est le nom qu'on lui avait donné en souvenir des *Huguenots,* qu'il sifflotait volontiers), éternuait à la façon de l'amiral que Mlle de Bidet-Bayard, enthousiasmée, prenait l'oiseau dans sa main caressante et couvrait de baisers fous son petit dos aux reflets d'ardoise!

On la maria. Le cousin qu'elle épousa était un parfait imbécile. Je ne vous décrirai pas le vidame Gontran des Mouillettes. Vous connaissez comme moi ce faux sportsman impertinent, ignorant, tranchant. Comment Céleste accepta-t-elle de mêler sa vie à celle de ce jocrisse? Peut-être parce qu'elle ignorait que ce jocrisse fût jaloux. Oui, mes bons hommes et mes bonnes femmes, ce saugrenu personnage avait la prétention d'être seul aimé d'une ravissante fille de vingt ans dont la changeante chevelure et les yeux menteurs eussent fait le génie et le bonheur de vingt poètes lyriques! Outrecuidant paillasse! Je ne sais pas ce qui me retient de camper là cette histoire et d'en commencer une autre, pour n'avoir pas à parler de ton sot individu! Mais non, comme tu y joues un rôle ridicule, je l'achèverai pour ta confusion, Othello de Carpentras !

Donc ce M. des Mouillettes était jaloux, et jaloux de quoi, bon Dieu ? Sa jeune femme était pure comme une moisson de lys, comme l'œil d'une source, comme un ciel de mai. C'est un ange que M. le Maire, trop myope pour en apercevoir les blanches ailes, avait accouplé, par distraction, à ce centaure dégénéré. Oui, jaloux de quoi, grand godiche ? — C'est à crever de rire. Jaloux de Raoul le *Jaco !* Il prit tout d'abord l'innocent perroquet en grippe pour les caresses dont Céleste l'accablait. Et quelle grippe, mes enfants du bon Dieu ! La pauvre bête ne pouvait parler, siffler, chanter, imiter le trinquement des buveurs ou les pétarades des canonniers, que ce grotesque n'entrât dans de véritables attaques de nerfs. Mais c'est surtout quand Raoul éternuait comme l'amiral, que le vidame Gontran devenait positivement épileptique de fureur.

— Je vais passer huit jours à la chasse, dit-il à Céleste ; et si, à mon retour, je ne trouve ce maudit oiseau empaillé, je le fais cuire et vous force à en manger le cœur.

M. le vidame connaissait ses classiques et la

sombre légende de Françoise de Châteaubriand.

Céleste, qui ne pouvait plus longtemps soutenir la lutte, eut une idée aimable comme tout. Elle fit venir de Paris un perroquet tout empaillé de la même race que le sien, et, montant la cage de Raoul dans un grenier où son mari ne mettait jamais les pieds, elle continua d'aller faire sa furtive visite à son favori, et de passer, dans son spirituel entretien, les heures de solitude que lui donnaient les goûts cynégétiques de M. des Mouillettes.

Ce damné vidame eut l'infamie de faire encore des grimaces à son ennemi rempli de foin. O chevaleresques instincts des preux, qu'êtes-vous devenus !

Qui dit : jaloux, dit : cocu surnuméraire. M. des Mouillettes ne devait pas échapper à la loi commune. Céleste vit mon ami Jacques et l'aima. Il n'en fallut pas davantage à Juliette pour adorer Roméo. L'histoire des amants surpris par les époux est aussi de tous les temps. Pendant que le vidame faisait aux cerfs une guerre bien déplacée de sa part (cet homme n'avait même pas d'amour-propre), nos deux larrons d'honneur conjugal, lui, le séducteur heureux, et elle, l'épouse infidèle, flirtaient à la française ; je veux dire passaient de belles heures dans un lit douillet, pratiquant *cent mignardises*, suivant le doux propos du vieux poète Ronsard. Or, une fois qu'ils célébraient ainsi leur amoureux office, il advint que le vidame, ayant tué par maladresse un de ses chiens, ce dont il pleurait comme un veau, rentra plus tôt qu'il n'était attendu et si inopinément que le pauvre Jacques eut juste le temps de se sauver dans le cabinet de toilette de sa belle, emportant ses frusques sous son bras comme un incendié. Il faisait sombre dans ce réduit ; mais, ayant tâté les bords glissants d'une baignoire, Jacques jugea que c'était un asile que lui offrait la Providence. Je vous demande un peu si la Providence se mêle de ces choses-là... et même du reste ! Donc il se faufila dans la longue baignoire de zinc, et ce fut seulement un instant après qu'il s'aperçut qu'elle était pleine d'eau, sa bien-aimée ayant pris un bain quelques heures auparavant.

Il réfléchit rapidement qu'en sortir était une imprudence extrême. Le clapotement de l'eau, la chute des gouttes sur le parquet, tout pouvait le trahir. Il se résigna à occuper cette retraite hydrothérapique jusqu'au moment où Céleste, trop rusée pour se laisser prendre, viendrait certainement le délivrer.

Il avait compté, le malheureux, sans le refroidissement graduel de l'eau qui finit par être bientôt à une température intolérable. Car on était en novembre, à ne vous rien cacher. Un rhume terrible lui monta au cerveau. Une première fois, il en étouffa, avec ses mains crispées sur sa bouche, le retentissement. Mais le coryza subit a des impétuosités auxquelles nul héroïsme ne résiste. Il lança donc vers le plafond cinq ou six éternuements formidables dont le bruit ne s'arrêta pas à la porte de sa prison.

— Qu'est ceci, madame ? Il y a un homme qui est dans votre cabinet de toilette !

Ainsi clama le vidame sur un ton furieux. Céleste était plus morte que vive ; mais se remettant bien vite de sa terreur :

—Eh quoi ! mon ami, fit-elle, n'avez-vous pas reconnu sa voix ?

— Je vais aller le tuer le misérable et vous tuerai après! continua le mari en se dirigeant vers la porte du cabinet.

Mais elle, s'élançant devant lui et tirant le verrou :

— Grâce ! dit-elle, grâce !

— Vous osez implorer pour lui, misérable !

— Hélas ! oui, mon ami; je suis bien coupable ! Je vous avais dit qu'il était mort et que je l'avais fait empailler. Mais c'est un faux Raoul...

M. des Mouillettes s'arrêta. Il y a des situations dont le ridicule saute même aux yeux d'un crétin. Celui d'entrer un révolver à la main et vêtu d'un caleçon dans une pièce où il n'y a qu'un perroquet éblouirait une buse elle-même. Gontran le sentit. Et puis, au fond, cet âne bâté aimait sa femme, et ce lui fut, après le terrible soupçon qu'il avait eu, comme une pluie bienfaisante sur le cœur d'apprendre qu'un oiseau seul était son rival.

Il se mit à sourire bêtement mais bonnement de son erreur.

— Laisse-moi l'aller voir, fit-il à Céleste, je te jure que je ne lui ferai aucun mal.

— Si ! si ! Vous le détestez, méchant !

— Je te promets que non, maintenant.

— Si ! si ! Vous ne seriez pas maître de vous. Je vous l'avais bien caché, hein ! jusqu'ici ? je l'avais descendu ce soir, un instant, pour me distraire, ne vous attendant pas. Je n'ai eu que le temps de le porter dans mon cabinet en vous entendant. Oh ! le vilain homme qui peut croire !...

— Je te demande pardon, miracle de fidélité !

— Non ! je ne vous pardonne pas, ou plutôt je veux bien vous pardonner, mais à une condition.

— Laquelle ?

— C'est que vous ferez une pénitence.

— Accordé, ce sera...?

— De ne pas entrer dans mon cabinet.

Et ce fut ainsi que, le lendemain matin, M. le vidame étant reparti pour la chasse, tout joyeux, Jacques put enfin sortir, sain et sauf, de sa cachette. Raoul ne remonta plus dans son grenier.

M. des Mouillettes l'a pris en affection. C'est à qui, de Jacques et de lui, donnera le plus de sucre à cet utile oiseau. Vous verrez qu'ils le feront crever. C'est très mauvais, le sucre, pour les perroquets ; ça leur donne le diabète.

X

LE TOMBEAU D'ADHÉMAR

« Ma chère mignonne,

» Le présent que je t'adresse te semblera peut-être, au premier abord, original ; mais je l'ai choisi, entre mille autres, comme répondant au plus charmant de tes goûts. Nous plaisantions au couvent, et je t'en demande encore pardon aujourd'hui, ta sollicitude pour les nids et ta tendresse pour les petits oiseaux. Depuis que tu es rentrée au château paternel, je sais que tu es devenue une vraie fermière dont la basse-cour est le constant souci. Il n'est bruit à vingt lieues à la ronde que des magnifiques variétés de poules que tu élèves de tes propres mains. Je suis sûre que tu es jalouse des mères de tes poussins ! Eh bien ! je t'envoie le moyen d'être toi-même leur seule et unique mère.

» Cet appareil n'est pas élégant, je le veux

bien, mais le temps m'a manqué pour t'en commander un en bois de rose. C'est un modèle américain et le plus ingénieux de tous. Tu liras avec soin, n'est-ce pas, le prospectus qui l'accompagne ? Tu y verras à quelle température tu dois maintenir constamment l'eau chaude du réservoir et comment se plie la couverture qui enveloppe tes œufs. Une recommandation essentielle, et sur laquelle je ne saurais trop insister : — Mets ta couveuse dans un endroit de la maison bien isolé pour la défendre contre la curiosité des domestiques. Tu sais que les œufs ne doivent pas être dérangés une fois casés. Toi-même tu attendras le jour de leur éclosion, jour fixé par leur nature et suivant qu'ils sont de poules ou de canes, pour ouvrir cette boîte de Pandore. Ah ! ma chérie, que tu seras heureuse en entendant les gloussements imperceptibles de tes élèves et en les voyant secouer un frisson de duvet à leurs petites têtes chauves encore ! Ils ne connaîtront que toi au monde et seront pour toi de véritables enfants.

» A propos, et quand arrive ton fiancé ? Tout le monde nous dit le plus grand bien de ce sire Jonathan Pigrilmuche, dont mon oncle Le Kelpudubec a fait si curieusement la connaissance en Angleterre, et qui est tombé subitement amoureux de toi à la vue d'une de tes photographies que j'avais envoyée à l'amiral suivant ton désir. Il paraît qu'il est très distingué et très spirituel, bien qu'un peu timide. Mais, au fait, il ne saurait tarder à être parmi vous. Tu me diras ton impression. Je me fait une vraie fête d'assister à ton mariage. J'ai déjà commandé ma toilette. Mille baisers, ma mignonne. Ta fidèle.

» BERTHE.

» Château de Bidet-Bayard, 7 juillet 1881. »

En recevant cette lettre de sa meilleure amie de pension, Mlle Angèle de Moulin-Galant sauta de joie comme une petite fille. Une caisse carrée, ayant quatre-vingts centimètres de côté environ, en acajou plein, s'ouvrant par le haut à charnières et facilement transportable au moyen de deux poignées en cuivre, l'accompagnait. Ceux d'entre vous qui sont entrés dans des chambres de malades l'auraient volontiers confondue avec ce meuble familier qui restreint si utilement le champ des promenades purgatives aux gens affaiblis par l'alitement. C'est ainsi — n'en déplaise à nos jeunes naturalistes — que le don de l'observation est exclusif de toute poésie. Prendre un berceau pour une chaise ! Enfin ! allez, allez, mes petits fouilleurs ! mettez votre nez partout, mais ne venez pas après nous l'offrir à baiser. Voyez d'ailleurs à quelles erreurs une recherche superficielle vous expose ! La forme extérieure des objets n'est rien. Les poètes ont besoin d'en pénétrer l'âme.

Oui, ce cube à l'air bête était un berceau ! L'industrie moderne, qui ne respecte rien et nous éclairera, quelque jour, avec le gaz dégagé de nos proches incrémés, le destinait à remplacer la tendresse maternelle chez le volatile dont la légende est la plus touchante à ce point de vue. La chaleur vivante du duvet que la poule sublime arrache de son cou pour faire un nid plus doux à sa progéniture y était remplacée par celle d'un tube de cuivre dont l'affection ne dépasse pas celle d'un bain-marie ; et au trou moelleusement creusé dans la paille nouvelle par l'oiseau prévoyant, étaient substitués de simples casiers proprets et bureaucratiques comme ceux des ministères. Ah! pauvres orphelins qui naissez dans ces officines à poulets rôtis et à fricassées, que je vous plains! Dans votre rapide existence, vous n'aurez même pas connu les plus saintes joies de l'enfance sous l'œil jaloux d'une mère! La broche vous cueille ou la casserole vous engloutit, aussi dénués d'illusions qu'un vieux député centre gauche.

Et vous voudriez nous faire accroire que des bêtes élevées comme ça sont aussi tendres que les autres!

Allons donc, vous blasphémez ou vous avez des dents de crocodile!

Mais Mlle Angèle de Moulin-Galant, que ses ridicules parents n'avaient pas précisément nourrie des merveilles de Michelet, ne plongeait pas si avant dans la philosophie qui interdit ces sacrilèges. Sa joie fut positivement immodérée en présence de cette machine impie. Elle en savait le prospectus par cœur une heure après l'avoir reçu. Deux heures après, elle en avait garni les cases d'œufs perfidement dérobés à des poules innocentes. La case du milieu avait été réservée à un œuf plus gros que les autres, d'une espèce infiniment plus rare et qui devait être certainement, à sa forme, celui d'un jeune coq d'une variété très recherchée. Sur celui-là se concentrèrent toutes les espérances, tous les rêves, tous les projets de la jeune éleveuse. Ce futur coq fut décrit et même baptisé à l'avance. Il fut convenu qu'il aurait les plumes du cou pareilles à une coulée d'or brun et de glauques lumières d'arc-en-ciel sur la queue. Quant à son nom, il était emprunté à une chronique héroïque de la vieille race des Moulin-Galant. Il s'appellerait Adhémar devant l'Éternel et la rôtissoire.

Bientôt il ne fut plus question que d'Adhémar dans le château. Le jour où Adhémar devait briser sa coquille, comme un chevalier qui dépouille son armure, était marqué en rouge sur le calendrier. Ce féal poulet ne devait pas être confondu, dans la basse-cour, avec les manants qui y picoraient les brioches que les chevaux font par derrière et qui ne valent pas avec le thé, tant s'en faut, celles de la rue de la Lune, tout en ayant pris le même chemin. Comme les animaux sacrés des augures, une nourriture spéciale et des avoines superfines lui seraient offertes dans un appartement richement meublé de perchoirs particuliers. Adhémar *for ever!* que de projets s'entassaient sur cette jeune tête dont la rouge crête n'avait pas encore mûri, sous le soleil, comme une poignée de groseilles!

Le général baron Honoré Leloup de la Pétardière, parrain d'Angèle, et qui était bien une des plus complètes bourriques de son siècle, voyait avec joie cette exubérance enfantine de maternité artificielle.

— Comme cette petite aimera ses enfants! disait-il en essuyant à sa moustache grise une vieille larme qui y faisait un cassis à l'eau avec la goutte de liqueur qui y demeurait toujours pendue après le déjeuner.

C'était la veille même du jour où Adhémar devait saluer la vie.

Sir Jonathan Pigrilmuche venait de faire enfin son entrée dans le château de Moulin-Galant. Vous savez déjà, par la lettre de Mlle Berthe de Bidet-Bayard, dans quelle intention amoureusement honnête y pénétrait ce jeune et long Anglais aux favoris jaunes et aux dents faites pour séduire Érard ou Pleyel plutôt que Mlle Montaland ou Mlle Massin. La charmante correspondance de Mlle Angèle l'avait fort bien défini, en parlant à la fois de sa distinction et de sa timidité. Cette timidité, excessive auprès des femmes, disparaissait en face des melons. Sir Jonathan en absorba un et demi à son dîner.

Il plut énormément dans la famille.

— Il me rappelle Waverley, avait dit la douairière de Saint-Éguisier qui avait beaucoup lu Walter Scott.

— C'est plutôt à Lord Raglan qu'il ressemble, avait répliqué le général baron Honoré Leloup de la Pétardière qui, lui, n'avait jamais rien lu.

— C'est ainsi que je le rêvais ! avait conclu avec infiniment plus de sagesse la douce Angèle, un instant distraite du souci d'Adhémar imminent.

On se sépara donc le soir, sur une impression excellente des deux côtés, sir Pigrilmuche ayant trouvé sa fiancée mille fois plus charmante encore que son portrait,

Et maintenant ne suivons pas de trop près la lutte du timide insulaire contre l'ennemi intérieur qu'une regrettable incontinence alimentaire avait logé dans ses flancs. Le premier melon qu'il avait absorbé était peut-être un melon-guelfe et le second qu'il avait entamé était vraisemblablement un melon-gibelin. On ne saurait expliquer autrement l'effroyable combat dont les entrailles du malheureux furent le théâtre. O fureurs sacrilèges et surtout intestines ! Je passe sur la sourde canonnade qui précéda une effroyable mêlée. Les hordes d'Attila n'étaient ni moins impétueuses ni moins indisciplinées... Ma plume se refuse au récit de ces horreurs.

Sachez seulement qu'ignorant les êtres du château, à tâtons, dans l'obscurité d'une nuit sans étoiles, sir Jonathan Pigrilmuche, futur lord-maire de Londres, erra comme un spectre affolé et ne trouva la paix intérieure que dans un coin de l'immense maison, découvert par hasard, et où un meuble dont la destination ne lui parut pas pas douteuse se rencontra sous ses mains éperdues.

Ayant enseveli ses morts, il regagna à grand'-peine sa chambre et dormit de ce calme sommeil qui succède aux crises aiguës.

— Adhémar doit être né ! Allons voir Adhémar !

Tel fut le cri qui retentit, le lendemain, parmi tous les hôtes du château, quand la fin du déjeuner eût délié les langues.

— Sir Jonathan, donnez-moi votre bras ! dit gracieusement Mlle Angèle à son fiancé qui, sans savoir ce dont il s'agissait, rougit de plaisir, comme une cerise, en sentant la jolie main de Mlle de Moulin-Galant se poser sur son cubitus.

— Comme c'est loin ! dit la douairière de Saint-Éguisier, en soufflant comme un phoque en bas âge.

— N'est-ce pas que j'avais bien caché ma couveuse pour qu'on n'allât rien y déranger? répondit Mlle Angèle. Et elle ajouta : J'ai eu le courage de n'en pas soulever une seule fois le couvercle, me contentant d'en entretenir le tube d'eau chaude, comme Berthe me l'avait bien recommandé.

Et l'on passait de pièce en pièce, arpentant le château dans tous ses détours.

Enfin l'on arriva dans l'endroit mystérieux.

— Ça sent déjà la basse-cour ! exclama joyeusement le général baron Honoré Leloup de la Pétardière, pendant que la douairière de Saint-Éguisier ramenait sous son nez crochu un mouchoir imprégné d'eau de Cologne.

Sir Jonathan, qui semblait, depuis un instant, hanté d'une vision ou d'un souvenir terrible, devint pâle comme un mort.

Quand Mlle Angèle s'avança vers le coffret que lui avait envoyé son amie Berthe pour l'ouvrir, Pigrilmuche, comme pris d'une folie subite, se précipita devant elle et s'asseyant impétueusement sur le berceau d'Adhémar, les mains cramponnées aux rebords du couvercle :

— Mademoiselle ! s'écria-t-il d'une voix étranglée, tuez-moi ! mais n'ouvrez pas !

On le crut positivement atteint d'aliénation mentale. On fit venir un médecin.

Le mystère ne fut éclairci que plus tard, le jeune Anglais ayant repris le chemin de Londres sans avoir voulu dire un mot de plus, après avoir dérobé la clef du cabinet fermé à double tour par lui, clef qu'il jeta dans ta Tamise, en pleurant.

Et Adhémar ?

La pauvre Angèle dut se refuser jusqu'à la triste consolation de donner un baiser suprême à sa dépouille profanée !

XI

PAROLES D'AMOUR

C'est des côtes de Guinée que notre vieil ennemi l'amiral Le Kelpudubec avait rapporté à la charmante Éloa de Saint-Minot le bel oiseau qui sera le héros de cette aventure. Car, pareil en cela à presque tous les marins, ce busard de navigateur entretenait une maîtresse sur le continent. Il avait même la naïveté d'en être prodigieusement jaloux. L'idée de n'être pas trompé par une femme qu'on surveille constamment ne peut déjà germer que dans la cervelle d'un présomptueux. Mais l'idée qu'une femme qu'on quitte sans cesse vous soit fidèle est d'une saugrenuité qui défie l'imagination. En lui offrant le superbe kakatoès mentionné ci dessus, le galant loup de mer avait eu l'innocence de dire à sa bien-aimée : « Il me remplacera près de toi pendant les heures cruelles de l'absence. Il parle si bien ! »

Et, de fait, ce volatile avait une facilité oratoire qui lui eût assuré parmi les humains une place importante dans la politique. D'autant qu'il était d'une prodigieuse versatilité dans ses propos, comme vous le verrez tout à l'heure. Il apprenait vite et oubliait plus vite encore. Un vrai tempérament de ministre. Cette bête de plume eût également fait un excellent journaliste. Mais Dieu, qui ne veut pas nous accabler, en avait fait tout simplement un kakatoès.

— Euryale, je t'adore !

Quand vous vous serez rappelé qu'Euryale était le petit nom de l'amiral, vous comprendrez avec quelles délices M. Le Kelpudubec écoutait cet aphorisme constamment répété par le perroquet de Mlle Éloa à qui sa maîtresse l'avait enseigné.

— Je crois t'entendre toi-même, ma petite adorée ! disait l'enthousiaste marin, sentant monter à ses yeux des larmes d'attendrissement.

Ah ! ce fut un doux séjour qu'il fit en France, cette année-là, un écho vivant redisant sans cesse, à son oreille, les paroles d'amour que lui prodiguait sa bonne amie. Il avait ainsi à demi réalisé ce rêve d'une double maîtresse qui sera éternelle-ment celui des gens d'imagination, tout en effrayant les économes. Mais le temps passe toujours vite d'être heureux ! Le ministère de la marine se moque pas mal du bonheur de ses officiers. Un bureaucrate sans cœur signa, entre deux cigarettes, l'arrêt d'exil du pauvre Le Kelpudubec, l'envoyant dans les mers du sud. Les adieux furent positivement déchirants.

— Euryale, je t'adore ! dit à travers ses sanglots la belle Éloa, pendue au col de son protecteur dans une étreinte suprême.

— Euryale, je t'adore ! répéta le kakatoès avec un petit ricanement sardonique.

Le ton du perroquet était, de beaucoup, le plus sincère.

Un mois après, tout au plus, mon ami Jacques avait consolé la veuve du navigateur. Mlle Éloa de Saint-Minot était donc une de ces robustes personnes aux rebondissants appas dont la plantureuse beauté soumet tout d'abord ceux qui partagent les goûts turcs de mon ami Jacques ? Point. L'éclectisme était venu avec la sagesse dans cet esprit où la fantaisie avait, au fond, plus de part que la méthode. De taille moyenne et plutôt élégante que majestueuse, Mlle de Saint-Minot avait pour elle une physionomie charmante, des yeux admirablement expressifs, une bouche attirante, de jolis cheveux, des mains fines et éburnéennes, les grâces nonchalantes d'une madone pervertie plutôt que les attraits puissants d'une Vénus Victrix. En voilà, n'est-ce pas, plus qu'il n'en faut pour expliquer le caprice de Jacques à l'endroit de cette séduisante créature. En homme qui pique résolument sa tête dans les abîmes insondables de l'amour, il s'était jeté à corps perdu dans cette aventure nouvelle.

— Bonjour, mon beau Jacques !

Tel devint le thème invariable des conversations du kakatoès de Mlle Éloa qui avait l'occasion de redire constamment cette phrase, grâce aux visites continuelles de son amoureux.

Mais la vie des femmes comme Mlle de Saint-Minot est positivement constellée de lunes de miel pareilles à celle qui éclaira le rapide bonheur de Jacques. L'amour qui, dans les âmes fidèles, est comme un astre dont l'égale clarté resplendit toujours dans le même coin du ciel, est à l'état

de voie lactée et de confuse lumière dans les
âmes de nos chères pécheresses, de nos volages
amantes. Jacques disparut bientôt de l'existence
affolée de cette fille charmante mais prodigieusement indécise dans ses goûts. Il n'en eut qu'un
de ces chagrins passagers que la première bouffée de printemps emporte avec le dernier flocon
de neige.

Mais, plus fidèle que sa maîtresse, le perroquet
continua à redire à tort et à travers ces mots qui
semblaient lui chatouiller la langue d'une façon
particulièrement agréable :

— Bonjour, mon beau Jacques !

Ce que fit Mlle Éloa afin de les lui faire oublier,
demanderait un volume pour être raconté. Elle
essaya tour à tour, suivant l'inepte usage de tous
les maîtres, des châtiments et des récompenses.
Chaque fois que l'oiseau avait tenu le propos
incriminé, elle lui administrait, du bout de son
doigt rose, une pichenette sur le bec. Était-il
resté, au contraire, quelque temps sans le tenir,
elle lui offrait gracieusement du sucre. Or, il
arriva qu'au bout d'un certain temps ce prudent

animal, qui avait peur du diabète, se dégoûta des bonbons, tandis qu'une petite démangeaison pituitale, qu'il avait dans les narines, lui rendit les chiquenaudes tout à fait agréables. C'est alors que personne ne put plus entrer dans le boudoir de Mlle Éloa, sans être salué par un gracieux et formidable à la fois :

— Bonjour, mon beau Jacques !

Arthur, Amédée, Gontran, Jules, Armand, Gustave, Emmanuel, Henri, Octave, Philippe, Alphonse, reçurent successivement ce gracieux compliment. Ceux-ci en rirent et ceux-là s'en fâchèrent. Mais Mlle de Saint-Minot ne décoléra pas contre le malencontreux kakatoès. S'en débarrasser était impossible. L'amiral avait annoncé son retour et si Euryale n'avait pas retrouvé son oiseau ! Vraiment, les pauvres femmes sont souvent bien à plaindre ! M. Louis Tiercelin l'a répété après Alfred de Musset : les dames du monde ne se doutent guère des ennuis qu'ont les cocottes, sans quoi elles passeraient certainement leur vie à les consoler, au lieu de charger simplement leurs maris de ce soin.

Une dépêche du matin avait signalé l'entrée en rade de Le Kelpudubec. Il pouvait sonner d'un moment à l'autre. Mlle Éloa faisait déjà des adieux extrêmement tendres, dans son cabinet de toilette, à Hippolyte, successeur légitime des héros dont j'ai plus haut énuméré les noms. Quel guignon que l'arrivée de ce birbe insupportable ! On commençait à peine à se comprendre ! O moisson trop hâtive d'un amour à peine mûri ! Tout en déplorant cette séparation anticipée, la charmante fille achevait de retrousser sur sa nuque ambrée les lourdes nattes d'or de ses cheveux, tandis que dans un coin de la pièce coquette et tout imprégnée de chaudes odeurs, une vapeur légère et parfumée courait encore sur l'eau tiède d'une baignoire d'argent.

— Bonjour, mon beau Jacques ! répétait avec plus de rage que jamais l'obstiné kakatoès.

— Vas-tu te taire, sale bête !... Oui, mon Hippolyte, nous nous reverrons !

— Bonjour, mon beau Jacques !

— Je vais te tordre le cou, maudit animal !... Oui, mon Hippolyte, je n'ai jamais aimé que toi !

— Bonjour, mon beau Jacques !

— Prends garde ou je t'étrangle !.... Oui, mon Hippolyte je t'écrirai tous les jours.

— Bonjour, mon beau Jacques !

— Tiens ! misérable oiseau !

Et, de sa petite main furieuse, saisissant le perroquet par l'échine, Mlle de Saint-Minot le souleva de son perchoir et l'envoya, voletant et criant, rouler dans l'eau de la baignoire.

Au même instant un coup de sonnette retentissait et Hippolyte se sauvait par l'escalier de service. Mlle Éloa avait reconnu dans l'escalier le pas de l'amiral.

Il arrivait, le brave des braves ! Une pluie torrentielle tombait depuis une heure et il n'avait pas trouvé de voiture à la gare. Mais voilà qui n'était pas fait pour retarder un brave de son ardeur. Il s'était courageusement rué sous l'ondée, abandonnant ses bagages à la consigne pour revoir plus tôt sa bien-aimée. Et voilà comment, ayant barbotté à même dans les flaques de la rue, il entrait ruisselant comme un fleuve, traînant une inondation aux pans de sa redingote et aux jambes de son pantalon..

Au même instant, l'oiseau parvenait à grand'-peine, s'étant accroché aux bords glissants de la baignoire, après un bain consciencieux, à se mettre en équilibre, et secouait avec horreur ses plumes profondément mouillées et hérissées.

Apercevant l'amiral dans le même état que lui, il sauta d'un bond sur son épaule, et tandis qu'Éloa ouvrait ses beaux bras blancs à son bienfaiteur :

— Tu as donc dit aussi : Bonjour, mon beau Jacques ? fit-il fort distinctement.

FIN

TABLE

MÉMOIRES D'UN GALOPIN

		Pages
I.	Comment se reconnaît un homme d'imagination	1
II.	Bacchus en cilice	11
III.	La Rougeole des carpes	21
IV.	La Verdette d'Achille	29
V.	La Clef de M. Pacot	37
VI.	Schneider et Cornélius	45
VII.	La Girouette	53
VIII.	La Chaste Lucrèce	63
IX.	Henriette d'Étiolles	71
X.	Collin-Maillard	81
XI.	Le Papillon	89
XII.	Monsieur le Ministre	97
XIII.	Sur la route de Paris	107
XIV.	La Pipe de Mme Thomas	117
XV.	La Poudre miraculeuse	124
XVI.	Cours de serrurerie	135
XVII.	L'embarras de l'oncle Jules	145
XVIII.	Variations sur Phèdre	157
XIX.	Le Baptême du Foudroyant	165
XX.	Le Feu Grégeois	175
XXI.	Le Ballon vivant	187
XXII.	Les Dernières Vacances	197

PETITE HISTOIRE NATURELLE

		Pages.
I.	L'homme et les bêtes	209
II.	Aliboron	219
III.	Pauvre Minet !	227
IV.	Les Hannetons	235
V.	Le Monde des Eaux	243
VI.	Éloge des Mouches	251
VII.	Rose et Mustapha	259
VIII.	Le Rêve de Toby	269
IX.	Le Perroquet sans le savoir	279
X.	Le Tombeau d'Adhémar	289
XI.	Paroles d'Amour	301

Châteauroux. — Typographie et Stéréotypie A. MAJESTÉ

www.ingramcontent.com/pod-product-compliance
Lightning Source LLC
Chambersburg PA
CBHW071255160426
43196CB00009B/1294